HOCHSCHULE KEHL

UNIVERSITY OF APPLIED SCIENCES

Verwaltung - Gestalten & Entwickeln

Wasser, Kommune, Klima

Die Gemeinden und die nationale Wasserstrategie

Ralf Bernd Herden (Hrsg.)

Wasser, Kommune, Klima

Die Gemeinden und die nationale Wasserstrategie

ISBN 9783758329388

Herstellung und Verlag:

BoD – Books on Demand,

Norderstedt Deutschland

Biographische Informationen der Deutschen Nationalbibliothek: Die Deutsche Nationalbibliothek verzeichnet diese Publikation in der Deutschen Nationalbibliografie; detaillierte bibliografische Daten sind im Internet über http://dnb.dnb.de abrufbar.

Ralf Bernd Herden (Hrsg.)

Wasser, Kommune, Klima

Die Gemeinden und die nationale Wasserstrategie

Ein Reader von Studierenden für Studierende, erschienen im April 2024 als studentische Arbeit im Rahmen des gleichnamigen Fachprojekts im Bachelor-Studiengang Public Management an der Hochschule für öffentliche Verwaltung in Kehl am Rhein. Der Sach- und Rechtsstand dieser Arbeit entspricht dem Jahresende 2023. Sofern rechtliche Probleme behandelt werden, gilt: Diese Arbeit kann und will ausdrücklich keine individuelle Rechtsberatung darstellen. Sie dient allein der allgemeinen Bildung und Information – nicht der Beratung bei individuellen rechtlichen oder praktischen Fragen. Alle Inhalte sind ständigen Veränderungen unterworfen. Jede Nutzung von Hinweisen (die zuvor vom Nutzer eigenverantwortlich auf Zulässigkeit und Zweckmäßigkeit sowie mögliche Risiken zu prüfen sind) erfolgt ausschließlich auf eigene Gefahr. Eine Gewähr für Vollständigkeit und Richtigkeit muss, wie jegliche Haftung, trotz aller Sorgfalt ausdrücklich ausgeschlossen werden.

Gendervermerk

Zur Unterstützung des Leseflusses wurde keine geschlechtsspezifische Differenzierung unternommen. Mit der männlichen Form sollen Frauen und alle weiteren Geschlechter gleichermaßen angesprochen werden. Die Anwendung der männlichen Form folgt lediglich Vereinfachungsgründen und steht sinnbildlich für alle Geschlechterformen.

Inhaltsverzeichnis

1. Einleitendes Vorwort

Mit Voranschreiten des Klimawandels werden die Wasserkapazitäten immer knapper und die Wetterereignisse nehmen gravierend zu. Unter anderem entsteht durch Überschwemmungen und Dürren Handlungsbedarf für jedem Einzelnen, insbesondere aber für die öffentliche Verwaltung. Für den zukunftsweisenden Umgang mit der unerlässlichen Ressource Wasser hat die Bundesregierung am 15.03.2023 die nationale Wasserstrategie beschlossen. Hierdurch soll der Wasserhaushalt geschützt, wiederhergestellt und dauerhaft gesichert werden. Somit kann eine zukunftssichere und nachhaltige Wasserwirtschaft gewährleistet werden. Dabei sollen vor allem die Wasserinfrastrukturen modernisiert und angepasst werden. Es gibt dazu 10 strategische Themen, wie zum Beispiel die Weiterentwicklung nachhaltiger Gewässerbewirtschaftung, die Verbindung von Wasser-, Energie-, und Stoffkreisläufen und die Stärkung des Bewusstseins für die Ressource Wasser.

In diesem Reader wird die Relevanz einer zuverlässigen Wasserstrategie, vor allem in die drei Themengebiete Katastrophenschutz, Naturschutz und Landwirtschaft, sowie in die Perspektive der Energieversorgung unterteilt. Es wurde einerseits auf die Schwierigkeiten und andererseits auf mögliche Lösungsansätze eingegangen.

Im Speziellen wurde die Gefahr eines Blackouts erörtert, wobei ausgiebig aufgezeigt wurde, dass die Wasserversorgung und primär die Trinkwasserversorgung von der Stromversorgung abhängig ist. Zudem wurde auch die Sicherstellung von Wasser zur Nutzung von Wasserkraft und Wasserstoff als erneuerbare Energiequelle dargestellt.

Die Ausarbeitungen brachten zum Vorschein, dass die Wasserverschmutzung beispielsweise beim Weinanbau einen wesentlichen Faktor darstellt und dass darüber besser informiert werden sollte. Weiter wurde verdeutlicht, dass das Garantieversprechen des Wassers als Menschenrecht einen engen Zusammenhalt und eine konstruktive Zusammenarbeit aller Beteiligten erfordert.

Dieses Gegenüberstellen der denkbaren Probleme bezüglich der Wasserbereitstellung solle einleitend Abhilfemöglichkeiten darstellen, um mögliche Befürchtungen oder gar Panik gleich gar nicht aufkommen zu lassen. Es ist essentiell, dass sich die Kommunen auf realistische Komplikationen und Fragestellungen vorbereiten, um dafür optimale Antworten erarbeiten zu können. Aufgrund dessen muss qualifiziertes Fachpersonal die aufkommende Wasserknappheit kontinuierlich erforschen, beobachten und an dieser maßgeblichen Thematik fortlaufend arbeiten. Dafür stehen, neben anderen, ehrenamtliche Organisationen auch der WWF und der NABU – sie sorgen mit ihren

Tätigkeiten für die gegenwärtig notwendige Aufklärung der latenten Bedrohung der Ressource Wasser.

Zusammenfassend lässt sich sagen, dass der Umgang mit Wasser in sämtlichen Bereichen eine Schlüsselrolle für eine nachhaltige Entwicklung ist. Das Potenzial der zukunftsorientierten Möglichkeiten ist aber noch lange nicht ausgeschöpft.

An der Ausgestaltung der einzelnen Themen haben mitgewirkt:

Leonie Hauser, Nico Klaiber, Emir Ali Özkol, Melissa Rink, Lorena Ross, Lara Ruf, Jonathan Schradi, Adrian Schwind, Talina Tavukcu

Dank und Anerkennung an das Fachprojektteam:

Ein motiviertes Team hat sich intensiv mit einem tiefgründigen Thema auseinandergesetzt. Nicht nur die Zusammenarbeit und Selbstkoordination in der Gruppe, sondern auch die einzelnen, individuellen Ergebnisse stellen den Erfolg unter Beweis. Die Gruppe war sehr schnell in der Lage, anstehende Probleme eigenverantwortlich zu erkennen, darzulegen und zu lösen. Pünktlichkeit und Zeitplantreue waren stets zuverlässig gewahrt. Eine lebendige Auffassungsgabe hat alle Mitwirkenden ausgezeichnet.

Wurden doch auch die für die virtuellen Arbeit notwendigen Fertigkeiten und Kenntnisse erworben und vertieft.

Wasser ist das unverzichtbare Basislebensmittel schlechthin. Ohne Wasser kann es kein Leben geben. Das Thema „Wasser" wird uns, das ist leider absehbar, in den kommenden Jahren noch sehr intensiv in Anspruch nehmen. Wir sollten, nein, wir müssen uns mit den zu befürchtenden Problemfeldern rechtzeitig nachhaltig und verantwortungsvoll auseinandersetzen. Dazu will diese Fachprojekt, das ich immer mit Freude begleiten durfte, einen Anstoß geben.

RA Ralf Bernd Herden
Lehrbeauftragter

2. Katastrophenschutz

2.1 Blackout – Wo kein Strom, da kein Wasser

Kapitelübersicht

1. Einleitung

Die Energieversorgung in Deutschland ist bedroht. Wetterextreme, Naturkatastrophen oder auch Cyberattacken stellen mögliche Auslöser für einen Blackout dar. Damit Verbunden besteht auch eine Gefahr für die Wasserversorgung, da diese größtenteils von Strom abhängig ist.

Das Thema „Blackout" beschäftigt mich intensiv seit meiner vergangenen Zeit als Sachbearbeiter im Ordnungsamt der Gemeinde Neuhausen auf den Fildern. Damals wurde ich zu einer Veranstaltung im Polizeirevier Filderstadt beordert, um gemeinsam mit Vertretern der Ordnungsämter und Polizeiposten der umliegenden Gemeinden, über die Situation eines Blackouts zu diskutieren und auch Lösungsstrategien zu entwickeln. Dabei ging es neben den anderen kritischen Infrastrukturen auch um die Wasserversorgung.

Das Ziel meines Fachprojektes ist, einen intensiven Überblick über die Wasserversorgung während eines Blackouts zu erhalten. Dabei werden sowohl die Herausforderungen der Bürger als auch die Herausforderungen der Kommune beleuchtet, sowie mögliche Maßnahmen zur Sicherstellung der Wasserversorgung während eines Blackouts vorgestellt.

1.1. Definition von Blackout

Ein Blackout ist ein Versorgungszusammenbruch in Form eines großflächigen Stromnetzausfalles, der eine große Anzahl an Menschen gleichzeitig betrifft (https://www.bundesregierung.de/breg-de/schwerpunkte/klimaschutz/stromausfall-blackout-2129818,Stand: 06.01.2024). Die Entstehung eines solch umfassenden Netzausfalles bedingt einen Fehler an einer sogenannten „neuralgischen Stelle" (https://www.bundesnetzagentur.de/DE/Fachthemen/ElektrizitaetundGas/Versorgung ssicherheit/Strom/start.html, Stand: 06.01.2024), wie zum Beispiel zahlreiche Mittelspannungsmasten, die aufgrund enormer Schnee und Windmasten kollabieren (Bundesamt für Bevölkerungsschutz und Katastrophenhilfe (kurz: BBK) Treibstoffversorgung bei Stromausfall, 2017, S. 19). Weitere Wetterextreme beziehungsweise Naturkatastrophen wie Stürme, Tornados, Erdbeben, Hagelschläge, Gewitter, Dürreperioden, Hochwasser, Kälte- und Hitzewellen, sowie Waldbrände sind ebenfalls schwierig exakt zu prognostizieren. Sie waren in den Jahren 1992 bis 2002 für 43 Prozent aller Störungen verantwortlich. Daneben gelten technisches und menschliches Versagen, vorsätzliche Handlungen in Form von terroristischer Sabotage und Anschläge oder eine Netzüberlastung zu den Ursachen eines Blackouts (BBK, Autarke Notstromversorgung der Bevölkerung, 2015, S. 17-19). Die Auswirkungen eines Blackouts betreffen alle Kritischen Infrastrukturen (KRITIS). Besonders schwerwiegend sind dabei Ausfälle der Informations- und Telekommunikation, der Krankenversorgung und die Gefahrenabwehr, sowie Versorgungsausfälle im Lebensmittelbereich als auch bei der Wasser- und Abwasserversorgung.

1.2. Bedeutung von Wasser in unserem Leben

Wasser ist die existentielle Grundlage des Lebens. Wasser ist das wichtigste Lebensmittel und Garant für einen hygienischen Mindeststandart. Es ist als Energiequelle, Betriebsmittel und Transportmedium, für Industrie und Landwirtschaft sowie für Erholung und Tourismus unverzichtbar (Bundesministerium für Umwelt, Naturschutz, nukleare Sicherheit und Verbraucherschutz, Nationale Wasserstrategie, 2023, S.7). Das Menschenrecht auf Wasser wurde von der Generalversammlung der Vereinten Nationen am 28. Juni 2010 erklärt. Es beinhaltet das Recht auf einwandfreies und sauberes Trinkwasser und Sanitärversorgung (https://www.bpb.de/themen/recht-justiz/dossier-menschenrechte/38745/zur-begruendung-eines-menschenrechts-auf-wasser/#footnote-reference-5, Stand 06.01.2024). Im Falle eines Blackouts wäre der Verbrauch jedes Bürgers in Deutschland, der täglich 128 Liter Wasser nutzt (https://www.destatis.de/DE/Themen/Gesellschaft-Umwelt/Umwelt/Wasserwirtschaft/_inhalt.html, Stand 14.01.2024), gefährdet.

1.3. Blackout in den vier Jahreszeiten

Der Zeitpunkt eins Blackouts lässt sich schwer, bis kaum vorhersagen.

Eine unterschiedliche Schwere der Auswirkungen eines Blackouts in den vier Jahreszeiten ist nicht erforscht. Tatsächlich lässt sich allerdings ableiten, dass Wetterextreme unterschiedlich je nach Region und Zeit auftreten. Ein Hochwasser lässt sich beispielsweise gut vorhersagen. Das Aufkommen von Stürmen und Gewitter in Mitteleuropa sind tendenziell in den Sommermonaten am häufigsten (https://www.wetteronline.de/wetterlexikon/gewitter, Stand: 06.01.2024). Auch Schneefall im Winter oder Waldbrände im Hochsommer lassen sich temporär zwar begrenzen, jedoch sind die einzelnen Auswirkungen auf das Stromnetz unterschiedlich. Im Zuge des Klimawandels und der globalen Erwärmung, ist in Zukunft mit einer Verstärkung und Zunahme der Wetterereignisse zu erwarten (BBK, Autarke Notstromversorgung der Bevölkerung, 2015, S. 17-18).

2. Auswirkung eines Blackouts auf die Wasserversorgung

In der Wasserförderung, sowie in der Wasseraufbereitung und Wasserverteilung wird elektrische Energie benötigt. Elektrisch betriebene Pumpen, die für die Grundwasserförderung zuständig sind, fallen aus. Eine Grundwasserförderung wäre nicht mehr möglich und auch die Gewinnung von Wasser aus Oberflächengewässern wird stark beeinträchtigt. Außerdem können nur noch durch natürliche Gefälle Aufbereitungsanlagen und das Verteilsystem gespeist werden. Dadurch steht erheblich weniger Wasser zur Verfügung. Zudem wäre eine Versorgung in höher gelegene Gebiete nicht mehr möglich. Bereits nach kürzester Zeit ohne Strom können die Wasserinfrastruktursysteme nicht mehr betrieben werden. Für die Bevölkerung wäre die Folge ihres Ausfalls katastrophal, insbesondere die Versorgung mit Trinkwasser (18. Ausschuss für Bildung, Forschung und Technikfolgenabschätzung, Gefährdung und Verletzbarkeit moderner Gesellschaften – am Beispiel eines großräumigen und langandauernden Ausfalls der Stromversorgung, 2011, S. 7). Ein flächendeckender Stromausfall kann mit Hilfe von drei Ausfallszenarien dargestellt werden. Die Grundlage hierfür ist das Ergebnis der Länderübergreifenden Krisenmanagementübung (LÜKEX) 2004. Die Stromausfalltypen werden in Typ A, B und C eingeteilt. Typ A stellt eine Stromausfallsdauer bis zu acht Stunden dar. Typ B beträgt acht bis vierundzwanzig Stunden und Typ C trifft zu, wenn mehr als einen Tag der Stromausfall andauert (BBK, Autarke Notstromversorgung der Bevölkerung, 2015, S. 20). Je länger der Stromausfall andauert, desto mehr Beschränkungen ergeben sich für die Bevölkerung. Die dabei entstehenden Herausforderungen für die Bürger, sowie für die Kommunen sind dabei primär unterschiedlich, jedoch sekundär betrachtet zusammenhängend.

2.1. Herausforderungen der Bürger

Die umfassende Auswirkung eines Blackouts auf das häusliche Leben betrifft jeden Bürger. Durch eine Unterbrechung der Wasserversorgung ist die gewohnte Körperpflege nicht mehr durchführbar. Außerdem würde es für die Mehrheit der Bevölkerung kein Warmwasser mehr geben. Dies stellt nicht nur ein Problem für die Zubereitung von Speisen und Getränken dar, sondern auch für die Toilettenspülung und für saubere Klamotten. Durch den Mangel an ausreichender Hygiene entsteht eine prekäre Situation (18. Ausschuss für Bildung, Forschung und Technikfolgenabschätzung, Gefährdung und Verletzbarkeit moderner Gesellschaften – am Beispiel eines großräumigen und langandauernden Ausfalls der Stromversorgung, 2011, S. 7). Die Folge eines Stromausfalles vom Typ A führen bereits zu einem sinkenden Wasserdruck. Vor allem in ländlichen und topografisch erhöhten Regionen kann das Wasser nicht mehr bis zum Endverbraucher gelangen, wenn der Pumpenausfall in Wasserversorgungsunternehmen eintritt. Bei einem Stromausfall vom Typ B verschärft sich die in Typ A beschriebene Lage der Bevölkerung. Die Folgen eines Stromausfalles vom Typ C beschreiben spätestens nach fünf Tagen einen Kollaps der Wasserversorgung und allen weiteren kritischen Infrastrukturen, auch wenn Sie bereits mit Notstromversorgern gespeist wurden. Es ist anzunehmen, dass durch eine mangelnde Kraftstoffversorgung ein Betrieb eines komplett funktionierenden Wasserversorgungssystems nicht mehr möglich ist und das Leben jedes einzelnen existenziell bedroht ist (BBK, Autarke Notstromversorgung der Bevölkerung, 2015, S. 21 – 23).

2.2. Herausforderungen der Kommune

Die Kommunen in Baden-Württemberg erhalten im Falle eines Blackouts eine zentrale Rolle. Neben dem Landeskatastrophenschutzgesetz verpflichtet auch das Polizeigesetz des Landes Baden-Württemberg die einzelnen Kommunen zur Katastrophen- und Gefahrenabwehr. Die Bewältigung eines Blackouts ist äußerst material-, zeit-, organisations- und personalintensiv. Eine Nachbarschaftshilfe aus den umliegenden Kommunen kann durch den eigenen Ressourcenverbrauch nicht stattfinden. Dies hat zur Folge, dass jede Behörde für ihre eigene Handlungsfähigkeit selbst verantwortlich ist (RP Karlsruhe, Musternotfallplan Stromausfall, 2014, S. 5-8). Eine besondere Aufgabe für die Kommune dabei spielt neben der Sensibilisierung, der Beratung und Informierung der Bevölkerung die Versorgung von Trinkwasser, Abwasser und Löschwasser.

2.2.1. Trinkwasserversorgung

Das wichtigste Lebensmittel für die Bevölkerung ist Trinkwasser. Die Sicherstellung der Trinkwasserversorgung im Falle eines Blackouts ist überlebensnotwendig und essenziell für dessen Bewältigung. Gemäß § 44 Absatz 1 Wassergesetz BW stellt die öffentliche Wasserversorgung eine Daseinsvorsorge im Aufgabengebiet der Kommunalen Selbstverwaltung dar. Der dabei entstehende Gestaltungsspielraum lässt im Rahmen ihrer gesetzlichen Grenzen eine auf die lokalen Begebenheiten angepasste Wasserversorgung zu. Die örtlichen Wasserversorger müssen sich allerdings auf eine mögliche Versorgungsunterbrechung vorbereiten. Im Jahr 2007 standen ca. 5100 Millionen m³ Wasser für die Trinkwasserversorgung in Deutschland zur Verfügung (Statistisches Bundesamt, 2009). Die Überwachung und Steuerung der Wasserförderung, sowie die Aufbereitung des Rohwassers zu Trinkwasser im Sinne der Trinkwasserverordnung (TrinkwV) und das Wasserverteilungssystem sind von einer dauerhaften Stromversorgung abhängig. Aufgrund von ausfallenden Druckerhöhungsanlagen bei einer Versorgungsunterbrechung, kann es neben höher gelegenen Gebäuden vor allem in ländlichen Regionen zu Störungen der Trinkwasserversorgung kommen. Um die Trinkwasserversorgung während eines Stromausfalles zu ermöglichen, muss ein gewisser Wasserdruck in den Leitungen aufrecht erhalten bleiben. Dies ist durch Wasserspeicher, sowie Wasserhochbehälter und Notstromerzeuger möglich. Allerdings ist anzunehmen, dass dabei neben dem Leistungsniveau der Wasserleitungen auch die Trinkwasserqualität sinkt. Um einer niedrigeren Trinkwasserqualität entgegenzuwirken, bieten sich für den temporären häuslichen Gebrauch Entkeimungsmittel oder das Abkochen von Wasser an (18. Ausschuss für Bildung, Forschung und Technikfolgenabschätzung, Gefährdung und Verletzbarkeit moderner Gesellschaften – am Beispiel eines großräumigen und langandauernden Ausfalls der Stromversorgung, 2011, S. 59 – 67). Dies ist während Stromausfällen der Typen A und B je nach Bevorratung und örtlicher Lage bedingt realistisch. Allerdings sollte in Anbetracht der Folgen eines Stromausfalls vom Typ C unbedingt ein privater Wasservorrat eingerichtet sein.

2.2.2. Abwasserversorgung

Die Beseitigung von Abwasser stellt im Falle eines Blackouts neben der Kommune auch die Bevölkerung vor große Herausforderungen. Die Abwasserentsorgung obliegt gemäß § 46 Absatz 1 Wassergesetz BW der Gemeinde und ist ebenfalls im Rahmen der Daseinsvorsorge Aufgabe der kommunalen Selbstverwaltung. Während eines flächendeckenden Stromausfalles ist auch dieser Bereich des

Wasserinfrastruktursystems betroffen. Grund dafür ist die Stromabhängigkeit der Pumpen und Hebewerke in der Kanalisation und der Betrieb der Kläranlagen. Das Abwasser wird über die Kanalisationen zu den Kläranlagen transportiert. Dort findet eine Aufbereitung statt, um das geklärte Wasser wieder in natürliche Fließgewässer rückführen zu können. Bei fehlender Pumpenleistung kann Abwasser aus den Kanälen austreten. Eine mögliche Veränderung des Schmutzwassers stellt eine Gefahr für die Bildung von Ablagerungen in der Kanalisation dar. Verstopfungen und Geruchsbelästigung, sowie die Vermehrung von Krankheisterreger und Krankheitsüberträger stellen dann, neben austretendes Abwasser aus dem Kanalisationssystem, nicht nur eine Gefahr für die Umwelt dar, sondern auch für die Gesundheit der Bevölkerung. Um die Abwasserversorgung während eines Stromausfalles zu ermöglichen, ist eine Notstromversorgung elementar. Ein Notbetrieb ohne Elektrizität ist nicht möglich (18. Ausschuss für Bildung, Forschung und Technikfolgenabschätzung, Gefährdung und Verletzbarkeit moderner Gesellschaften – am Beispiel eines großräumigen und langandauernden Ausfalls der Stromversorgung, 2011, S 62 - 69). Private Haushalte wären vor allem bei der Entsorgung von Fäkalien betroffen. Das Wasser im Spülkasten ist mangels fehlenden Nachlaufs nicht mehr funktionstüchtig. Um eine Entsorgung der Fäkalien während eines Blackouts zu unternehmen, wären Trockentoiletten oder mobile Toilettenwagen an verschiedenen Standorten realisierbar (18. Ausschuss für Bildung, Forschung und Technikfolgenabschätzung, Gefährdung und Verletzbarkeit moderner Gesellschaften – am Beispiel eines großräumigen und langandauernden Ausfalls der Stromversorgung, 2011, S. 17).

2.2.3. Löschwasserversorgung

Die Löschwasserversorgung ist gemäß § 3 Absatz 1 Satz 2 Nr. 3 Feuerwehrgesetz eine Pflichtaufgabe der Gemeinde. Sie basiert überwiegend auf dem örtlichen Wasserversorgungsnetz, welches über Hydranten entnommen wird. Im Falle eines langanhaltenden flächendeckenden Stromausfalles ist vor allem im städtischen Bereich das Löschwasser als kritische Ressource anzusehen, da wie bei der Trinkwasserversorgung die Wasserförderung von einer dauerhaften Stromversorgung abhängig ist. Um eine massive Brandbekämpfung erfolgreich durchzuführen, benötigt es eine enorme Löschwasserentnahme. Im Sinne des DVGW-Arbeitsblatt W 405 (Deutscher Verein des Gas- und Wasserfaches e.V.) muss dabei allerdings mindestens einem Restdruck von 1,5 bar im Trinkwassernetz herrschen. Sinkt der Betriebsdruck im Trinkwassernetz, besteht die Gefahr, dass die Versorgung der Gemeinde mit Trinkwasser teilweise oder komplett zusammenbricht (Landesfeuerwehrschule Baden – Württemberg, Löschwasserversorgung, 2023, S. 4). Ein Stromausfall mit der Folge eines Druckverlustes im Wasserverteilungssystem verschärft diese Problematik und könnte schon ab dem Stromausfall vom Typ A von existenzieller Bedeutung sein. Außerdem ist mit einer allgemeinen Erhöhung des Brandrisikos zu rechnen. Durch den Wegfall von strombetriebenen Gerätschaften, würden vermehrt stromunabhängige Wärmeerzeuger wie beispielsweise Gas- und

Spirituskocher, Holzkohleöfen- und Grills, Teelichter Kerzen und Öllampen zum Einsatz kommen. Daneben besteht auch im industriellen Bereich die Gefahr von zusätzlichen Bränden durch den Ausfall von Kühlungen und weiteren Prozessleitsystemen (18. Ausschuss für Bildung, Forschung und Technikfolgenabschätzung, Gefährdung und Verletzbarkeit moderner Gesellschaften – am Beispiel eines großräumigen und langandauernden Ausfalls der Stromversorgung, 2011, S.70 – 71). Die Verwendung von Wasser als Kühl- und Löschmittel aus dem Wasserversorgungsnetz ist somit allein kein Garant für die Brandbekämpfung. Um die Löschwasserversorgung während eines Blackouts sicher zu stellen, sollte möglichst wenig Löschwasser aus dem öffentlichen Trinkwasserrohrnetz entnommen werden. Als Alternativen kommen dabei offene Gewässer, Brunnen oder diverse Behälter wie Pools oder auch Teiche in Betracht. Sollte dennoch eine unzureichende Menge an Löschwasser vorhanden sein, ist eine Versorgung über ein Schlauchsystem über lange Wegstrecken, sowie ein Pendelbetrieb von wasserführenden Fahrzeugen denkbar. Dies bedingt allerdings eine Sicherstellung von Treibstoffreserven für die jeweiligen Pumpen, Fahrzeuge und Notstromaggregate. Im häuslichen Bereich empfiehlt sich der Besitz eines Feuerlöschers und einer Löschdecke.

3. **Maßnahmen zur Sicherstellung der Wasserversorgung während eins Blackouts**
Ein Blackout ist vergleichbar mit einer nationalen Katastrophe. Sollte es den Energienetzbetreibern nicht gelingen, eine rasche Behebung des Stromausfalles herbeizuführen, würde die Wasserinfrastruktur aufgrund der signifikanten Stromabhängigkeit drastisch eingeschränkt werden. Zur Bewältigung der Folgen eines flächendeckenden Stromausfalles ist sowohl für die Kommunen als auch für die privaten Haushalte ein redundantes System existenziell. Im Bereich der Wasserversorgung kommen diverse Präventionsmaßnahmen in Betracht, die eine Überwindung der Wasserknappheit möglich machen. Zielführend sind dafür Notfallpläne. Hier können die wichtigsten Maßnahmen für Gemeinden und die privaten Haushalte forciert werden. Ein Musternotfallplan der Handlungsempfehlungen zur Vorbereitung auf einen flächendeckenden Stromausfall beinhaltet, wurde im Jahr 2014 vom Regierungspräsidium Karlsruhe als Ergänzung zum Krisenhandbuch Stromausfall Baden–Württemberg aus dem Jahr 2010 konzipiert. Die Schwerpunkte in diesem Notfallplan liegen dabei auf die Sicherstellung der eigenen Handlungsfähigkeit der Gemeinden und den dementsprechenden Maßnahmen. Um präventiv die Wasserversorgung während eines flächendeckenden Stromausfalls zu gewährleisten, kommt dabei vor allem die Anschaffung und Benutzung von einer Notstromversorgung durch Notstromaggregate, Faltkanister und Trinkwassernotbrunnen, sowie mobile Verbindungsleitungen in Betracht.

3.1. Notstromaggregate

Die Notstromversorgung ist die Redundanz bei einem Stromausfall. Versagt Sie, kann sich jede Situation in einem Blackout drastisch verschlechtern. Notstromaggregate gibt es in mobiler und stationärer Ausfertigung. Sie bieten sich neben Kommunen auch für private Haushalte an und können per Batterie oder auch durch einen Verbrennungsmotor betrieben werden. Allerdings verfügen diese zumeist über eine begrenzte Kapazität und einer temporär begrenzten Durchhaltefähigkeit. Bei der Anschaffung einer Notstromversorgung ist dabei neben den unterschiedlichen Anforderungsprofilen auch über eine konstante Treibstoffversorgung nachzudenken (18. Ausschuss für Bildung, Forschung und Technikfolgenabschätzung, Gefährdung und Verletzbarkeit moderner Gesellschaften – am Beispiel eines großräumigen und langandauernden Ausfalls der Stromversorgung, 2011, S, 118). Durch den Einsatz von Notstromeinspeisungen wäre zumindest temporär ein Betrieb der Trinkwasserversorgung möglich. Allerdings ist mit erheblich weniger Förderleistung zu rechnen. Für den häuslichen Gebrauch können Notstromaggregate in Verbindung mit einem passenden Abnehmer temporär als Energiequelle für das Kochen, Heizen und zur Lichterzeugung genutzt werden.

3.2. Faltkanister

Um Wasservorräte anlegen zu können, kommen vor allem Faltkanister in Betracht. Sie bestehen aus Plastik und können durch ein Schraubventil portioniert Wasser spenden. Außerdem gibt es Sie in verschiedenen Ausfertigungen und unterschiedlichen Litergrößen. Für den häuslichen Gebrauch sind Sie universell einsetzbar. Auch Kommunen könnten Faltkanister als Maßnahme vorrätig halten und beispielsweise an Wasserverteilungsstellen oder Trinkwassernotbrunnen an Bedürftige verteilen.

3.3. Trinkwassernotbrunnen

In Deutschland existieren circa 5200 Trinkwassernotbrunnen, die autark von den öffentlichen Wassernetzten benutzt werden können. Bei ausreichendem Grundwasserstand wäre es möglich, Sie hauptsächlich mit Handpumpen zu betreiben. Die vorhergesehene Trinkwassermenge beträgt dabei 15 Liter pro Tag und pro Person (18. Ausschuss für Bildung, Forschung und Technikfolgenabschätzung, Gefährdung und Verletzbarkeit moderner Gesellschaften – am Beispiel eines großräumigen und langandauernden Ausfalls der Stromversorgung, 2011, S. 69-70). Im Einsatzfall erfolgt die Wasserabgabe an die Bevölkerung über Zapfstellen. Zusammen mit Desinfektionstabletten stellt dies eine souveräne Übergangslösung dar. Außerdem können Notbrunnen auch für vulnerable Einrichtungen, überlebenswichtige Betriebe und für die Löschwasserversorgung eingesetzt werden (https://www.bbk.bund.de/DE/Themen/Kritische-Infrastrukturen/Sektoren-Branchen/Wasser/Wassersicherstellung/wassersicherstellung_node.html, Stand: 12.01.2024).

3.4. Mobile Verbindungsleitungen

Um eine mobile Versorgung von Trinkwasser zu ermöglichen, ist ein Zusammenspiel von Trinkwassertransportkomponenten in Form von Fahrzeugen oder Trinkwasserbehälter, mobilen Trinkwasseraufbereitungsanlagen und mobilen Verbindungsleitungen erfolgsversprechend. Die mobilen Leitungen werden oberirdisch zwischen mindestens zwei Wasserversorgern verlegt, um den Wasserbedarf in einem Teilnetz oder auch dem gesamten Netz zu decken. Dabei werden Rohrleitungen aus verzinktem Stahl, Polyethylen (PE) und Polyvinylchlorid (PVC) verwendet. Allerdings bedingt der Einsatz von mobilen Leitungen, dass nicht das gesamte Wasserversorgungssystem vom Stromausfall betroffen ist, sondern lediglich Abschnitte. Je nach Art und Schwere des Stromausfalls ist ein Betrieb der mobilen Leitungen nicht möglich (BBK, Sicherheit der Trinkwasserversorgung Teil 2: Notfallvorsorgeplanung, 2019, S. 70-71).

4. Fazit

Blackout – Wo kein Strom, da kein Wasser. Ohne elektrische Energie sind auf Dauer die Wasserinfrastruktursysteme nicht zu betreiben. Das dauerhafte Versagen der elektrischen Pumpen ist insbesondere für die Trinkwasserversorgung katastrophal. Daneben ist anzunehmen, dass während eines Blackouts das Löschwasser in Städten so knapp wäre, dass eine erfolgreiche Brandbekämpfung nicht effektiv gelingen würde. Die Versorgung der Bevölkerung fordert einen hohen personellen, organisatorischen, zeitlichen und materiellen Aufwand. Neben Notbrunnen müssen Tankwagen und Sanitärwagen eingesetzt werden. Ein Betrieb der Wasserversorgung durch Notstromaggregate könnte temporär ein Ersatz sein, um zumindest unter einem niedrigen Leistungsniveau funktionstüchtig zu bleiben. Futuristisch betrachtet wäre es sinnvoll, Wasserwerke und Kläranlagen zu 100 Prozent energieautark betreiben zu können (18. Ausschuss für Bildung, Forschung und Technikfolgenabschätzung, Gefährdung und Verletzbarkeit moderner Gesellschaften – am Beispiel eines großräumigen und langandauernden Ausfalls der Stromversorgung, 2011, S. 106). Für die Kommunen bedeutet die Bewältigung eines Blackouts vor allem Planung und Gestaltung. Es empfiehlt sich, einen kommunalen Notfallplan für Stromausfälle aufzustellen, der auf den Handlungsempfehlungen des Regierungspräsidiums Karlsruhe aus dem Jahr 2014 basiert. Daneben sollte eine örtliche Risikoanalyse erstellt und eine Lösungsstrategie entwickelt werden, die die Themenfelder Personalplanung, Kommunikationsfähigkeit, Kraftstoffmanagement, Notstromversorgung, Trink- und Abwasserversorgung, Notfalltreffpunkte und Information an die Bevölkerung beinhaltet. Trotz aller staatlicher Maßnahmen ist es zwingend erforderlich, dass sich private Haushalte sensibilisieren auf die Folgen eines Blackouts und sich mit Vorsorge und Selbsthilfe befassen.

2.2 Wer hat Vorrang bei der Wasserversorgung?

Kapitelübersicht

1.   Wasserwirtschaft in Deutschland

2.   Wasserverfügbarkeit und - Entnahme

   2.1 Wasserverfügbarkeit in Deutschland

   2.2 Wasserentnahme in Deutschland

3.   Wassergewinnung,- Nutzung und -Verbrauch

4.   Rechtliche, politische und versorgungsseitige Rahmenbedingungen für die Wasserwirtschaft

1. Wasserwirtschaft in Deutschland

Wasser ist die essentielle Grundlage für das Leben auf der Erde. Es ist unverzichtbar für Menschen, Tiere und Pflanzen, um zu überleben. Aus diesem Grund hat die UN am 28. Juli 2010 den Zugang zu sauberem Wasser offiziell als Menschenrecht anerkannt (United Nations 2010). Doch Wasser ist nicht nur lebensnotwendig, sondern erfüllt auch eine Vielzahl anderer Funktionen. Im Haushalt wird es für Hygiene und Reinigung verwendet, in der Industrie dient es als Rohstoff für die Produktion und als Kühl- und Energieträger, und in der Landwirtschaft spielt es eine entscheidende Rolle bei der Bewässerung. Damit eine ausreichende Wasserversorgung gewährleistet und gleichzeitig eine nachhaltige Nutzung der Ressource sichergestellt werden kann, ist eine gut funktionierende und integrierte Wasserwirtschaft von großer Bedeutung. Im internationalen Vergleich verfügt Deutschland über ein gut entwickeltes und reguliertes Wassermanagement (Wackerbauer 2011). Die Wasserwirtschaft umfasst die Bereitstellung von sauberem Trinkwasser, die sichere Entsorgung von Abwasser, die nachhaltige Bewirtschaftung von Gewässern und den Schutz vor Hochwasser (Bormann et al. 2019). Dabei ist es das Ziel, die Bedürfnisse der Gesellschaft mit dem Schutz der Ökosysteme und der Erhaltung der Biodiversität in Einklang zu bringen. Aufgrund des Klimawandels und der vielfältigen Nutzung von Wasser entstehen auch in Deutschland zunehmend Konflikte um diese kostbare Ressource (BMUV 2023).

2. Wasserverfügbarkeit und -Entnahme

2.1 Wasserverfügbarkeit in Deutschland

Die globale Wassermenge wird auf etwa 1,4 Milliarden Kubikkilometer geschätzt, wie aus einer Schätzung des BMU/UBA aus dem Jahr 2017 hervorgeht. Diese Menge umfasst das Wasser der Meere, das unterirdische Wasser, das Oberflächenwasser und das in Eis und Gletschern gebundene Wasser. Allerdings sind 97,5 % dieses Wassers Salz- oder Brackwasser, das für die meisten menschlichen Bedürfnisse ohne erheblichen Aufwand nicht verwendbar ist. Es gibt seit einiger Zeit Verfahren zur Entsalzung dieses Wassers, z.B. durch Umkehrosmose, wie Glade und Peters (2006) feststellen. Diese Verfahren sind jedoch energieintensiv und produzieren Rückstände wie hochkonzentrierte Salzlauge, die größtenteils ins Meer zurückgeleitet wird und dadurch ökologische Auswirkungen hat. Nur etwa 2,5 % der weltweiten Wassermenge existiert als natürliches Süßwasser. Großteils ist dieses Süßwasser entweder als Eis gebunden (69 %) oder als Grundwasser tief unter der Erdoberfläche vorhanden (30 %). Lediglich 0,3 % davon ist als leicht zugängliches Oberflächenwasser in Flüssen,

Seen und Talsperren verfügbar und beläuft sich auf etwa 105.000 km³ (bpb 2017). Wenn diese Menge gleichmäßig aufgeteilt wäre, könnte sie theoretisch den Wasserbedarf von 20 Milliarden Menschen decken. Leider ist dies nicht der Fall. Einige Länder wie Kanada oder Norwegen verfügen über reichlich Wasser, während andere Länder wie Uganda oder Äthiopien unter erheblichem Wassermangel leiden (Piel 2022). Wassermangel liegt vor, wenn entweder die Wasserverfügbarkeit in einem Land unter 1.000 m³ pro Jahr und pro Kopf liegt oder die Wasserentnahme 20 % der erneuerbaren Wasservorräte übersteigt (IPCC 2008). Deutschland wird aufgrund seines gemäßigten humiden Klimas mit häufigem Regen im internationalen Vergleich als vergleichsweise wasserreiches Land angesehen. Das mittlere Wasserdargebot, also die tatsächlich nutzbare Menge an erneuerbarem Grund- und Oberflächenwasser, beträgt in Deutschland etwa 176 Milliarden m³ (UBA 2022). Dies wird aus Niederschlag, Verdunstung sowie Zufluss und Abfluss berechnet (BMU/UBA 2017). In den letzten Jahren gab es jedoch Zeiten wie z.B. 2018, in denen aufgrund geringer Niederschläge und extremer Hitze das Wasserdargebot deutlich unter dem Durchschnitt von 116 Milliarden m³ lag. Durch die Messungen des Geoforschungszentrums Potsdam konnte der Rückgang der Wassermassen in Deutschland quantitativ ermittelt werden. Insgesamt hat Deutschland in den letzten 20 Jahren Wasser im Volumen des Bodensees verloren (DLR 2022). Damit gehört Deutschland zu den Regionen weltweit mit dem größten Wasserverlust.

2.2 Wasserentnahmen in Deutschland

Die Wasserentnahmen in Deutschland sind seit 1991 kontinuierlich zurückgegangen. Im Jahr 1991 betrug die Wassernutzung noch 46,3 Milliarden m³ und machte somit 26,3 % des gesamten Wasserdargebots aus. Bis 2019 ist die Wasserentnahme aufgrund wassersparender Technologien im Industrie- und Energiesektor um etwa 57 % auf 20 Milliarden m³ gesunken, was einem Anteil von 11,4 % entspricht (UBA 2022). Das Verhältnis liegt also weit unter der 20 %-Schwelle und lässt zunächst darauf schließen, dass Deutschland im Durchschnitt keinen Wassermangel hat. Das regionale und lokale Wasserdargebot ist jedoch auch in Deutschland sehr unterschiedlich und wird von einer Vielzahl von Faktoren beeinflusst. Dazu gehören die Bevölkerungsdichte, die Industrialisierung und die landwirtschaftliche Flächennutzung.

Im Verhältnis zum verfügbaren erneuerbaren Wasserdargebot in einer Region kann auch Änderungen, wie Verschmutzung durch den Eintrag von Nährstoffen und Chemikalien dazu führen, dass ein Teil der vorhandenen Ressourcen nicht oder nur schwer nutzbar wird (BMU/UBA 2017). Wenn dann noch saisonale Trockenheit und weniger Regen hinzukommen, wie es beispielsweise im Sommer 2018 in Mitteleuropa der Fall war, kann es auch in Deutschland zu vorübergehendem Wassermangel kommen und somit zu Konflikten um die Nutzung dieser Ressource führen (Mühr et al. 2018). Im Vergleich zum Zeitraum von 1881 bis 1910 hat die durchschnittliche jährliche Niederschlagsmenge in Deutschland insgesamt um etwa 7 % zugenommen. Dieser Anstieg ist jedoch nicht gleichmäßig über die Jahreszeiten verteilt. Die Winter sind feuchter geworden, während der Regen im Sommer leicht zurückgegangen sind (UBA 2023). Insgesamt wurden in Deutschland seit 2011 einige sehr trockene Jahre beobachtet, einschließlich des Sommers und Frühlings 2022. Dieser Trend führt zu einer Veränderung des Wasserhaushalts und kann einerseits zu starken Hochwasserereignissen und andererseits zu extremer Dürre in den Sommermonaten führen.

3. Wassergewinnung, -Nutzung und -Verbrauch

Die Entnahme oder Nutzung bezieht sich auf die Gesamtmenge an Wasser, die aus Gewässern oder Grundwasser entnommen wird. Der Verbrauch bezieht sich hingegen auf die Menge des entnommenen Wassers, die aufgrund von Verdunstung, chemischer Umwandlung und anderen Gründen verloren geht und nicht weiter genutzt werden kann. Auch die Menge an Wasser, die verschmutzt wird und einer Abwasserbehandlung unterzogen werden muss, wird als Verbrauch gezählt. Ein Beispiel für die Nutzung von Wasser, ohne dass es insgesamt verbraucht wird, ist Kühlwasser. In Deutschland wird das meiste Kühlwasser aus Fließgewässern entnommen und für die Prozesskühlung in verschiedenen Industriebereichen verwendet (UBA 2022). Je nach Art der Kühlung und Verdunstungsrate wird ein unterschiedlich großer Teil des Wassers nach der Kühlung wieder an derselben Stelle dem Gewässer zugeführt. Das Kühlwasser ist oft wärmer und stärker mit Schadstoffen belastet als das zuvor entnommene Wasser, was zu ökologischen Problemen führt (Meyer 2000). Es bleibt jedoch als Menge im gleichen Abschnitt des Gewässers erhalten und stellt somit eine Nutzung der Ressource dar. In einigen Fällen wird Kühlwasser in Deutschland auch aus dem Grundwasser entnommen. Da dieses

Wasser nicht an derselben Stelle dem Grundwasser wieder zugeführt wird, wird es als Wasserverbrauch definiert. Auch die öffentliche Trinkwasserversorgung führt das meiste Wasser nach der Abwasserreinigung dem Vorfluter zu, jedoch wurde dieses Wasser an einer anderen Stelle im Wasserkreislauf entnommen, weshalb auch diese Art der Nutzung als Verbrauch gilt.

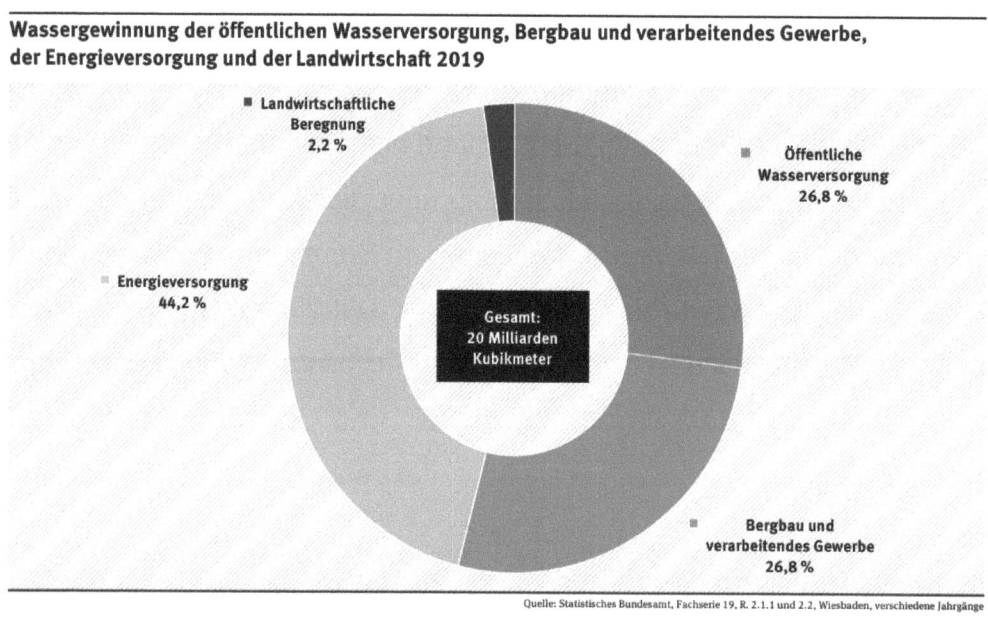

Abbildung 1: Wasserentnahmen in Deutschland nach Sektoren im Jahr 2019 Quelle: Umwelt Bundesamt 2019

Die Wasserentnahmen in Deutschland werden in verschiedene Sektoren unterteilt, welche ihr Wasser teilweise aus unterschiedlichen Quellen und auf unterschiedliche Weise beziehen oder gewinnen. Zu den einzelnen Sektoren zählen die öffentliche Wasserversorgung, der Bergbau und das verarbeitende Gewerbe, die Energiegewinnung und die Landwirtschaft (BMU/UBA 2017). Abbildung 1 veranschaulicht die Verteilung des 20 Mrd. m³-Nutzungsvolumens in Deutschland. Die öffentliche Wasserversorgung bedient in Deutschland neben den privaten Haushalten auch das Kleingewerbe. Dazu zählen bspw. Arztpraxen, Bäckereien und Friseure. Doch auch Schulen, Kindergärten und Krankenhäuser sind an die öffentliche Wasserversorgung angeschlossen und machen insgesamt 26,8 % des Gesamtverbrauchs aus. Dieses Wasser wird zu 62 % aus dem Grundwasser gewonnen. Die Entnahme aus den Oberflächengewässern beläuft sich auf 30 % und die Verwendung von Quellwasser auf 8 % . Der Bergbau und das verarbeitende Gewerbe gehen in die Gesamtbilanz mit 26,8 % ein. Zum verarbeitenden Gewerbe

14

zählen z.B. Unternehmen aus der Nahrungsmittel- und Bekleidungsindustrie, dem Fahrzeugbau und der Metallindustrie. Die Betriebe haben einen so hohen Wasserverbrauch, dass sie ihr Wasser oftmals selbst gewinnen. Teilweise können sie aber auch an die öffentliche Wasserversorgung angeschlossen sein. Auch der Energiesektor gewinnt aufgrund des hohen Bedarfs seine Wasserressourcen vorwiegend selbst und macht 44,2 % des Nutzvolumens aus. Folglich bleiben noch 2,2 % für die Land- und Forstwirtschaft, die das Wasser für die zusätzliche Beregnung der Felder, vorwiegend in den Sommer- und Trockenmonaten, verbraucht. Da Deutschland bislang noch hohe Niederschläge verzeichnet, fließt die landwirtschaftliche Bewässerung im internationalen Vergleich nur mit einem geringen Anteil in die Gesamtbilanz ein. Dieses Wasser wird zum größten Teil von den Landwirten selbst entnommen (BMU/UBA 2017).

4. Rechtliche, politische und versorgungseitige Rahmenbedingungen für die Wasserwirtschaft

Die Wasserwirtschaft ist maßgeblich daran beteiligt, die Nutzung von Wasser durch festgelegte Rahmenbedingungen zu regeln. Angesichts der Tatsache, dass Wasser eine lebensnotwendige und begrenzte Ressource ist, gibt es strenge Vorschriften und Schutzmaßnahmen in Deutschland, um sicherzustellen, dass auch zukünftig ausreichend Wasser zur Verfügung steht. Die Entnahme und Bewirtschaftung von größeren Wassermengen aus dem Grundwasser oder Oberflächengewässern ohne Genehmigung ist sowohl für Unternehmen als auch für Privatpersonen untersagt. Dies dient vor allem dem Schutz der Umwelt, was in Zeiten des Klimawandels eine immer größere Bedeutung gewinnt. Da Gewässer keine Ländergrenzen kennen, sind internationale Kooperationen sowie Gesetze und Richtlinien von großer Bedeutung. Die Europäische Union beschäftigt sich seit den 1970er Jahren intensiv mit dem Gewässerschutz. Im Jahr 2000 trat die Wasserrahmenrichtlinie (WRRL) in Kraft, die den Mitgliedsstaaten der EU einen rechtlichen Rahmen für die Bewirtschaftung von Oberflächengewässern und Grundwasser bietet. Diese Richtlinie regelt den Schutz, die Bewirtschaftung und Nutzung der europäischen Gewässer und setzt Ziele für den Zustand und die Qualität der Gewässer. Bis 2027 soll ein guter ökologischer Zustand für naturnahe Gewässer und ein gutes ökologisches Potenzial für stark veränderte Gewässer erreicht werden. Neben dem ökologischen Zustand werden auch der chemische Zustand von Oberflächengewässern und Grundwasser durch Untersuchungen der Quecksilber- und Nitratbelastung bewertet (BMUV/UBA 2022).

Wesentliche Regelungen im Bereich der Wasserwirtschaft

Ebene	Regelungen					
EU	Wasserrahmenrichtlinie (WRRL)	Kommunale Abwasser-Richtlinie	Trinkwasser-Richtlinie	Nitrat-Richtlinie	Hochwasserrisikomanagement-Richtlinie (HWRM-RL)	Meeresstrategie-Rahmenrichtlinie (MSRL)
	Grundwasserrichtlinie (GWRL)	Industrieemissionen-Richtlinie (IE-RL)				
	Umweltqualitätsnormenrichtlinie (UQN-RL)					
National	Wasserhaushaltsgesetz (WHG)	WHG	Trinkwasserverordnung (TrinkwV)	Düngegesetz (DüngG)	WHG	WHG
	Grundwasserverordnung (GrwV)	Abwasserabgabengesetz (AbwAG)				
	Oberflächengewässerverordnung (OGewV)	Abwasserverordnung (AbwV)		Düngeverordnung (DüV)		
	Anlagenverordnung zum Umgang mit wassergefährdenden Stoffen (AwSV)					
Länder	Landesrecht (Gesetze/Verordnungen, Genehmigungen, Bescheide, Überwachung)					

Abbildung 2: Regelungen im Bereich der Wasserwirtschaft, Quelle: Umwelt Bundesamt

Auf europäischer Ebene gibt es neben der Wasserrahmenrichtlinie (WRRL) noch weitere Richtlinien, wie die Grundwasserrichtlinie (GWRL) oder die Umweltqualitätsnormenrichtlinie (UQN-RL), welche auf nationaler und Landesebene in Gesetzen und Verordnungen umgesetzt werden. Abbildung 2 zeigt einen Überblick über die bestehenden Richtlinien (blau), Gesetze (grün) und Verordnungen (orange) der Wasserwirtschaft.

Das Wasserhaushaltsgesetz (WHG) ist in Deutschland die zentrale Rechtsnorm des Wasserwirtschaftsrechts. Es wurde am 1. September 2006 durch die Vorgaben der WRRL umfänglich reformiert und regelt seitdem vollumfassend die Vorgaben des Wasserrechts. Der Zweck des WHG ist nach § 1 WHG, die Gewässer als Bestandteil des Naturhaushaltes, als Lebensgrundlage des Menschen, als Lebensraum für Tiere und Pflanzen sowie als nutzbares Gut durch eine nachhaltige Gewässerbewirtschaftung zu schützen. Sowohl oberirdische Gewässer als auch Küstengewässer und das Grundwasser werden mit Hilfe des WHG geregelt. Um das WHG nicht mit Detailregelungen zu überlasten, enthält es darüber hinaus eine umfassende Verordnungsermächtigung und wird durch diese konkretisiert. Zu diesen Verordnungen gehören auf Bundesebene beispielsweise die Grundwasserverordnung

(GrwV), die Oberflächengewässerverordnung (OGewV) und die Anlagenverordnung zum Umgang mit wassergefährdenden Stoffen (AwSV). Darüber hinaus existieren noch weitere Verordnungen, wie die Abwasserverordnung (AbwV), die den Umgang mit Abwässern regelt oder die Trinkwasserverordnung (TrinkwV), welche die Beschaffenheit und Aufbereitung des zur Verfügung gestellten Trinkwassers regelt. Diese bundesrechtlichen Vorschriften werden auf Landesebene durch eigene Gesetze weiter konkretisiert und ergänzt. Sie können von den Vorschriften des WHG abweichen. Insofern das Wasser für einen Elektrolyseur eigens gewonnen werden soll, bedarf es nach WHG für die Entnahmen einer Erlaubnis. Diese wird in der Regel von den zuständigen Unteren Wasserbehörden erteilt. Bevor die Erlaubnis gewährt wird, muss geprüft werden, ob die Natur oder das Allgemeinwohl durch die Entnahme gefährdet sind. Es existieren auch Begebenheiten, die zu einer direkten Versagung einer Entnahmeerlaubnis führen. Dazu gehören Wasserschutzgebiete, Heilquellenschutzgebiete und Gebiete, aus denen der Oberflächenabfluss in Seen und Talsperren zur öffentlichen Wassergewinnung fließt. Um eine Entnahmeerlaubnis zu erhalten, ist ein förmlicher Antrag notwendig. Wenn eine Erlaubnis erteilt wird, kann diese an gewissen Rahmenbedingungen und Nebenbestimmungen geknüpft sein. Bei Nichteinhaltung dieser Bedingungen und Bestimmungen kann die Erlaubnis wieder entzogen werden (Birth et al. 2021).

2.3 Hochwasserschutzstrategien

Kapitelübersicht

1. Einführung
2. Konzeptionelles
   - 2.1 Technische Ebene
   - 2.2 Natürliche Ebene
   - 2.3 Vorsorge Ebene
3. Hochwasserschutzstrategien
   - 3.1 Baulicher Hochwasserschutz
   - 3.2 Abwehrender Hochwasserschutz
   - 3.3 Gefahren und Schadensbilder für Einsatzkräfte
4. Fazit

1. Einführung

Zu allen Zeiten der Erdgeschichte haben natürliche Klimaschwankungen Zyklen mit vergleichsweise dichter Abfolge von Extremwetterereignissen hervorgebracht. Über die Medien werden auch in Deutschland vermehrt Dürren und Hochwasserlagen der Gesamtbevölkerung ins Bewusstsein gerufen, dabei kommen diese in nahezu allen Klimazonen vor (vgl. Menzel 2010: 415). Am Beispiel des Landes Baden-Württemberg zeigte sich nach langjähriger Analyse von Zeitreihen und gemessenen Pegelständen, dass es lediglich in Teilen des Schwarzwaldes ansteigende Trends im Auftreten von Hochwassern gibt (vgl. ebd.: 417).

Tatsächlich hängen die Wetterveränderungen durch Dürren und Hochwasser zusammen. Über vielen Regionen der Erde ist eine Zunahme von Niederschlagsintensitäten zu verzeichnen. Gleichzeitig steigen die Temperaturen, was potentiell die Verdunstung erhöht und gerade in den Sommermonaten für eine Abnahme der Niederschläge sorgt. Gerade in heißen Sommern erhöht dies die Gefahr von Hitzewellen und Dürren im Zentrum der Kontinente (vgl. ebd.: 420). Wenn es aber in den Wintermonaten zu Niederschlagsspitzen kommt überschreiten Gewässer einen gewissen Schwellenwert und als Folge hiervon kommt es zu Überschwemmungen (vgl. Lüke 2010: 1). Das Wasserhaushaltsgesetz kombiniert in § 72 die beiden Konzepte von überschwemmter Fläche und hohem Pegelstand wie folgt: „Hochwasser ist eine zeitlich beschränkte Überschwemmung von normalerweise nicht mit Wasser bedecktem Land, insbesondere durch oberirdische Gewässer oder durch in Küstengebiete eindringendes Meerwasser. Davon ausgenommen sind Überschwemmungen aus Abwasseranlagen." (vgl. Fricke 2022: 23)

Im folgenden Beitrag werden die drei Konzeptionsebenen des Hochwasserschutzes in Deutschland eingeführt. Im Anschluss daran werden darauf aufbauend konkrete Schutzmaßnahmen vorgestellt, welche sich grob in bauliche und abwehrende Maßnahmen einteilen lassen. Zudem wird in einem weiteren Kapitel auf die Gefahren bei einem Hochwasser für die Bevölkerung, aber vor allem mit Blick auf die zu Hilfe eilenden Rettungskräfte, eingegangen. Hieran schließt sich die Zusammenfassung mit einem Ausblick auf zukünftige Hochwasserlagen an.

2. Konzeptionelles

Abgesehen von den deutschen Küstenregionen an Nord- und Ostsee, sind für die Gemeinden in den Mittelgebirgen Deutschlands ganz besonders die Flüsse eine Gefahrenquelle für Hochwasser. In der Vergangenheit waren die Flussniederungen kaum besiedelt und dienten höchstens als temporäre Weideflächen für die Nutztierhaltung. In der heutigen Situation der Raumknappheit rücken nun auch die menschlichen Siedlungsbereiche immer näher an die Flüsse heran. Aufgrund dessen wurden vermehrt Flussläufe begradigt und frühere Überschwemmungsflächen trockengelegt (vgl. Tauer et.al. 2007: 115). Diese künstlichen Eingriffe begünstigten die Entstehung von Hochwassern großen Ausmaßes, wie die Ereignisse am Rhein 1993 und 1995, an der Donau 1999, 2002 und 2005, sowie an der Elbe 2002 eindrücklich gezeigt haben (vgl. ebd.). Die Lehre daraus war: Technische Maßnahmen allein können den Schaden nicht verhindern.

Konkret bedeutet dies, dass nur eine entsprechende Verzahnung von regelmäßigen Vorsorgemaßnahmen, vorausschauenden Raumplanungskonzepten rund um Gewässer und die akuten technischen Maßnahmen eine Katastrophe verhindern können. Aus diesem Grund hat der Hochwasserschutz heute deutschlandweit drei Konzeptebenen: Technischer Hochwasserschutz, natürlicher Wasserrückhalt und Hochwasservorsorge (vgl. ebd.: 116).

2.1 Technische Ebene

Zu den technischen Maßnahmen zählen charakteristische Bauten. So können beispielsweise die bekannten Talsperren, Rückhaltebecken und Flutpolder bei akuter Hochwassergefahr extreme Spitzen bei den Wasserständen wirksam kappen. In Bezug auf eine Talsperre können mehrere Millionen Kubikmeter zwischengespeichert werden und in Zeiten, in denen Flüsse weniger Wasser führen wieder in den Hauptstrom abgegeben werden (vgl. ebd.).

Der Flutpolder bezeichnet in der Fachliteratur einen Rückhalteraum zwischen zwei Deichen. Besonders an Niederungen, wo die Flussränder abflachen, können gezielt solche Rückhaltebereiche eingeplant werden. Am Ein- und Ausgang eines solchen Bereichs lassen sich Einström- und Ablassbauwerke installieren. Diese fungieren wie Schleusentore und schaffen einen künstlichen Nebenarm des Flusses. Dieser ist obendrein steuerbar und kann dadurch, bei großen Wassermengen im Gewässer, den Pegelstand punktuell reduzieren und die Fließgeschwindigkeiten und dadurch den Schaden an bereits mit Wasser in Berührung gekommener Bausubstanz, erheblich reduzieren (vgl. ebd.).

Deiche sind eines der ältesten und bewährtesten Schutzmittel gegen Hochwasser. Ihr Äquivalent sind Hochwasserschutzwände, welche die gleiche Funktion erfüllen. Ihre Schwachstelle besteht in der Überströmung. Deiche brechen immer dann, wenn ihre dem Wasser abgewandten Seite zunehmend mit Wasser benetzt wird (vgl. Dehnhardt et.al. 2008: 38). Deshalb versuchte man lange einfach die Deichkronen ständig zu erhöhen. Dies allein kann das Problem von schnell steigenden Wasserpegeln aber nicht beheben. Denn je höher die Deichwände sind, desto höher ist auch die Beschleunigung des Wasserabflusses, was die Hochwassersituation lediglich in einen Bereich weiter flussabwärts mit einer entsprechenden Engstelle oder einer Flussbiegung verlagert. Dies ist auch der Grund warum Deiche in der Praxis häufig mit Flutpoldern kombiniert werden.

2.2 Natürliche Ebene

Der Bereich des natürlichen Wasserrückhalts hat die Funktion ein natürliches Umfeld zu generieren, welches große Wassermassen erst gar nicht gehäuft entstehen oder im Eintrittsfall die Wasserstände schneller absinken lässt. Die Devise lautet hier also, Landschaften so zu gestalten, dass Flüsse genügend Raum haben, um Wasser in die Breite abzugeben. Gleichzeitig sollten Böden zur Verfügung stehen, welche das Wasser möglichst gut versickern lassen. Letztgenanntes benennen Fachkreise als Infiltrationskapazität. Sie bezeichnet das Potential von Böden Wasser zwischenzuspeichern. Die Infiltrationskapazität ist abhängig von der Landnutzung und der Dauer der Bewirtschaftung von Böden. Werden beispielsweise ehemaliges Wald- oder Grünland an einem Flussufer zu Ackerland umgewandelt, dann wirkt sich dies nachteilig auf die Versickerungsfähigkeit des Bodens aus. Flache Ackerflächen werden bei Hochwasser schnell überspült und der lockere Boden, welcher durch häufiges Umpflügen erzeugt wird, bietet dem Wasser viel Potential um Material fortzuspülen (vgl. ebd.:40).

Viele Kommunen arbeiten zur Zeit mit zunehmender Renaturierung und Entsiegelung ihrer Gewässerränder, um die früheren Speichervolumina ihrer Böden wiederzuerlangen. Diese Maßnahmen fallen unter den Aspekt der Raumplanung. Auf europäischer Ebene ist dies durch das Europäische Raumentwicklungskonzept (EUREK) geregelt (vgl. Lüke 2010: 2). Hierbei geht es um die schrittweise Verteilung von Bebauungswachstum. Auf bundesdeutscher Ebene besteht das Raumordnungsgesetz (ROG), mit dem Ziel Räume zu planen zu entwickeln, zu ordnen und zu sichern (vgl. ebd.: 5). Dies alles soll unter Berücksichtigung eines verbesserten und vorbeugenden Hochwasserschutzes geschehen.

In Anlehnung an Bestandteile der Raumplanung in der Schweiz, könnten die folgenden Maßnahmen auch in Baden-Württemberg Anwendung finden (vgl. Schädler 2008: 5): Die Gewährleistung von ausreichenden Abflussquerschnitten für Gewässer, das heißt konkret ein möglichst breites und unbeschnittenes Flussbett. Die positiven oder negativen Dynamiken hieraus, wurden zuvor bereits angesprochen. Hieran schließt sich aber auch eine natürliche Fließgewässerdynamik mit standortgerechter Ufervegetation an. Das bedeutet Gewässer nicht künstlich zu begradigen sowie flaches Uferland nicht zuzubauen, künstlich zu bepflanzen oder aufzuschütten und ist einfach unter dem Begriff Renaturierung zusammenzufassen. Zuerst sollte man also die Natur die Arbeit machen lassen und Hochwasser nur dann technisch umleiten, wenn dies unumgänglich wird.

2.3 Vorsorge Ebene

Vorsorge ist die allgemeinste Ebene. Denn sie ist der erste Schritt, um einem zukünftigen Hochwasserereignis die dramatische Schadenslage zu nehmen oder es im Idealfall erst gar nicht entstehen zu lassen. Vorsorge sollte somit immer alle Bereiche des menschlichen Lebens umfassen. Das Mindeste ist eine Risikovorsorge in finanzieller Hinsicht. Gerade Kommunen, Landkreise und auch die Bundesländer sollten finanzielle Rücklagetöpfe einrichten, um im Idealfall möglichst zeitnah und unbürokratisch Hilfe in betroffene Regionen zu leiten. Allerdings ist es auch für Privathaushalte empfehlenswert an eine eigenständige Versicherung denken. In der Schweiz müssen beispielsweise Gebäude in einer von Hochwasser gefährdeten Zone grundsätzlich gegen die potentiellen Schäden versichert werden (vgl. ebd.: 9).

Nach der monetären Vorsorge sollten die zuständigen Katastrophenbehörden auch für das gesellschaftliche Verhalten allgemein Vorsorge betreiben. Das heißt zwingend Notfall- und Alarmierungspläne bereitzuhalten (vgl. Dehnhardt et.al. 2008: 19). Diese dürfen aber nicht nur in einer Schublade verbleiben, sondern müssen mit allen beteiligten Behördenmitarbeitern und Blaulichtorganisationen, eventuell sogar mit einer benachbarten Bundeswehrgarnison, geübt werden. Die Bevölkerung sollte darüber hinaus mit regelmäßigen Sirenenwarntests, sofern noch vorhanden, oder vergleichbaren Methoden zur allgemeinen Warnung vertraut gemacht werden (siehe hierzu Kapitel 3.3).

3. Hochwasserschutzstrategien

Das jüngste einschlägige Ereignis, ausgelöst durch Starkregen und anschließendem Hochwasser, war die sogenannte Hochwasserkatastrophe im Ahrtal. In der Nacht vom 14. Auf den 15. Juli 2021 kamen auf dem Gebiet der Bundesländer Rheinland-Pfalz und Nordrhein- Westfalen mehr als 150 Menschen ums Leben, gleichzeitig verloren ähnlich viele ihre Häuser (vgl. Fricke 2022: 8). Gerade dieses Beispiel aus dem Ahrtal zeigt eindrücklich die Gefährlichkeit von durch Starkregen verursachten Sturzfluten für die Bausubstanz von Gebäuden. In der Meteorologie fallen innerhalb eines abgrenzbaren Gebietes (50-100km²) in sehr kurzer Zeit sehr hohe Niederschlagsmengen (laut DWD 10 l/m²) (vgl. ebd.: 26). Starkregen tritt oft in den Sommermonaten von Mai-September und hier in den späten Nachmittagsstunden auf. Folglich entwickeln sich Schäden meist in der Nacht und am nächsten Tag.

3.1 Baulicher Hochwasserschutz

Der bauliche Hochwasserschutz bezieht sich zunächst auf die „klassischen" Bauwerke für den Wasserrückhalt. Ergänzend dazu erfolgt die Fokussierung auf bauliche Maßnahmen an privaten und öffentlichen Wohn- und Geschäftsgebäuden.

Die größten und teuersten Maßnahmen sind die Talsperren. Als Beispiel soll hier die Rappbodetalsperre im Harz mit einer 106 Meter hohen Staumauer und 415 Metern Dammlänge dienen (vgl. ebd.: 111). Sie ist die größte ihrer Art in Deutschland. Typischerweise werden diese Talsperren zur Stromerzeugung genutzt. Im Falle einer drohenden Überspülung des Damms wird zur Entlastung Wasser von der Seeoberfläche in einen sogenannten oberen Kontrollgang, knapp unterhalb der Dammkrone, geleitet. Das Wasser wird hierdurch fast bis zum Talboden an der

Staumauer entlanggelenkt und über einen bogenförmigen Ablass, ähnlich einer Sprungschanze, abgegeben (vgl. ebd.: 115). Problematisch sind Totholz, Strauchwerk oder steiniges Erdreich, weil sie die Einlaufbauwerke einer Talsperre verstopfen könnten. Deshalb müssen sie bei Starkregenereignissen ständig beobachtet werden und beispielsweise mit einem Bagger mit Greifarm sofort befreit werden (vgl. ebd.: 116).

Eine weitere Form von Bauwerk sind Regenrückhaltebecken. Als Entlastungsanlage sollen sie nur in akuten Fällen die normale Kanalisation vor plötzlich auftretenden großen Wassermengen schützen und damit eine Überschwemmung in der Fläche verhindern. Nicht nur bei Starkregen, sondern auch bei Schneeschmelze, wird ein künstlicher Teich gebildet woraus das gesammelte Wasser kontinuierlich über breite Rohre wieder abgegeben werden kann. In urbaner Umgebung sind Hochwasserentlastungstunnel anzutreffen. Sie leiten überschüssiges Wasser noch in Bodennähe unterhalb von Verkehrswegen durch ganze Städte hindurch (vgl. ebd.: 119). Die Tunnel sollten in mehreren Strängen angelegt sein, da diese Redundanzen verhindern, dass die wenigen Tunnel die Wassermenge einmal doch nicht aufnehmen können.

Für das einzelne Gebäude werden in Städten mit akuter Hochwassergefahr an Rhein und Elbe Spundwände eingesetzt (vgl. ebd.: 120). Sie verdichten Außenwände an der dem Wasser zugewandten Seite und helfen so ganze Gebäudeteile eine Zeit lang abzudichten. Zusätzlich lassen sich große Plätze, unter anderem vor Bahnhöfen, mit durchlässig ummantelten unterirdischen Kunststoffbecken in ihrer Versickerungsfähigkeit optimieren (vgl. ebd.: 127). Privathausbesitzer können überdies eine Rückstaueinrichtung einbauen lassen. Sie verhindert das Eindringen von Wasser aus dem öffentlichen Teil der Schmutz- und Regenwasserkanalisation über den Hausanschluss in das jeweilige Hausinnere (vgl. ebd.: 120). Solch ein Rückstau kann durch Rohrleitungsverstopfungen oder einen Pumpausfall verursacht werden. Beides hat im Extremfall einen Kanalbruch zur Folge. Umzäunte und ummauerte Grundstücke können besonders an ihren Eingangstoren mit Flutabschottungen gesichert werden und somit eine Zeit lang eigenständig wasserfrei bleiben.

3.2 Abwehrender Hochwasserschutz

Der abwehrende Hochwasserschutz stellt die direkte Antwort auf ein beginnendes Hochwasser dar. Über medienwirksame Bilder sind diese Sofortmaßnahmen für die meisten Menschen die erste Assoziation mit dem Begriff Hochwasser. Damit diese Maßnahmen aber wirksamen Schutz bieten, brauchen die Hilfskräfte für den Aufbau trotzdem genügend Vorlaufzeit zum Eintreffen des Wassers. Abwehrende Maßnahmen können ortsgebunden oder ortsungebunden erfolgen und müssen durch Einsatzkräfte der Feuerwehr oder des THW ständig überwacht werden. Das regelmäßige Nachkontrollieren ist unerlässlich um entsprechende Vorwarnzeiten für weitere Orte geben zu können (vgl. ebd.: 136).

Ein Klassiker der ortsunabhängigen Maßnahmen ist der Sandsack. Der Standartsack besteht entweder aus Jute oder einem Kunststoffgewebe. Während ersterer nach dem Ende eines Einsatzes vor Ort verrotten kann lässt Kunststoff eine bessere Lagerung und einen besseren Materialzustand über längere Zeit zu (vgl. ebd.: 138). In Bezug auf die Sandsackstellung sei an dieser Stelle lediglich auf die Anpassungsfähigkeit dieses Schutzmittels hingewiesen. Als Grundregel gilt: Je höher der erwartete Wasserdruck ist, desto tiefer sollte der Wall gestaffelt sein. Daraus folgt ein erhöhter Material- und Zeitbedarf für die Abfüllung, was wiederrum an die vorhandene Vorwarnzeit geknüpft ist.

Eine weniger anstrengende sowie Personal und Ressourcen schonendere Variante sind mobile Deichsysteme. Sie bestehen aus sehr stabilem Kunststoff und bilden einen großen Schlauch mit einem Durchmesser von circa 1,5 Meter (vgl. ebd.: 163). Über Manschetten sind mehrere Schläuche kombinierbar und werden zunächst mit Luft, später dann mit etwas Wasser befüllt. Bei erhöhtem Wasserdruck kann ein zweiter Schlauch parallel verlegt werden. Schwachstellen an Kurven und Lücken der Konstruktion können mit einer Sandsackstellung kombiniert werden. Der Vorteil liegt, im Vergleich zu der reinen Sandsackstellung, im schnellen Aufbau und der guten Stabilität, der Nachteil jedoch in den Anschaffungskosten und dem erhöhten Schulungsbedarf der Einsatzkräfte.

Für ganz dringende Fälle besitzen gerade die Berufsfeuerwehren Tauchpumpen. Mit diesen lassen sich Kellerräume auspumpen. In diesem Bereich kann das THW noch mit deutlich leistungsfähigeren Pumpanlagen die Feuerwehren unterstützen, da es gerade auch für grob verunreinigtes Wasser spezielle Schmutzwasserpumpen besitzt (vgl. ebd.: 174).

3.3 Gefahren und Schadensbilder für Einsatzkräfte

Die größte Gefahr für die bei Hochwasserlagen eingesetzten Einsatzkräfte ist Elektrizität (vgl. ebd.: 176). Die Stromanschlüsse befinden sich meist im Keller. Dieser Gebäudeteil läuft aber auch als erstes voll und wird in Folge von den Hilfskräften aufgesucht. Hinzu kommt die erhöhte Leitfähigkeit von Schmutzwasser (vgl. ebd.). Aus diesem Grund überprüfen Einsatzkräfte bei der Erkundung von Gebäuden schon vorab die metallischen Teile auf ihre Spannung. Darüber hinaus werden Räume mit Wasser nie alleine betreten, da potentiell Ertrinkungsgefahr besteht.

Fließende Gewässer haben eine Eigendynamik. Hier gilt die generelle Faustregel: Je höher der Wasserstand beim Durchwaten, desto höher die Gefahr fortgerissen zu werden (vgl. ebd.: 191). Bei der Verwendung von Wathosen muss der Träger Wassereinlaufen in jedem Fall vermeiden, da ansonsten Bewegungsunfähigkeit und Ertrinkungsgefahr besteht (vgl. ebd.). In kritischen Fällen sollten spezielle Strömungsretter die Arbeiten übernehmen. Für die Einsatzkräfte selbstverständlich, doch für den betroffenen Laien ebenfalls von Bedeutung, sind geeignete Rettungsschwimmwesten. In besonders betroffenen Gebieten macht es für

Privathaushalte Sinn, diese für jedes Familienmitglied anzuschaffen. Für etwaige Haustiere, wie beispielsweise Hunde, gibt es ebenfalls solche Westen.

4. Fazit

Zusammenfassend kann gesagt werden, dass dem Hochwasserschutz nicht mit dem anlegen und gelegentlichen Überprüfen von Deichen genüge getan wird. Nützliche Hochwasserschutzstrategien entwickeln sich viel eher aus der Analyse der Gegebenheiten vor Ort. Dabei gilt es bereits natürlicherweise vorhandene Überschwemmungsflächen für diesen Zweck freizuhalten und wenn möglich Gewässerverläufe zu renaturieren. Die zuständige Katastrophenschutzbehörde muss die Wahrscheinlichkeit von Hochwassern ermitteln und sich spezifischer Hochwasserabläufe, entweder in einer flachen oder gebirgigen Region, bewusst zu werden. Hieran schließt wiederrum die Machbarkeit von technischen Bauwerken für den Hochwasserschutz an. Je nachdem, ob es sich um ein urbanes oder eher ländlicheres Gebiet handelt, muss die entsprechende Behörde den Neu- oder Umbau solcher Bauten prüfen.

Schließlich sind all diese Maßnahmen nur so wirkungsvoll wie das Wissen der Menschen mit ihnen umzugehen. Aufgrund des immer regelmäßigeren Auftretens von Starkregenereignissen und den folglich größeren Wassermassen steigt auch die Wahrscheinlichkeit, dass die vorhandenen technischen und natürlichen Vorkehrungen schneller vom Hochwasser überwunden werden. Darum ist es unerlässlich, sowohl die zuständigen Katastrophenschutz- und Rettungskräfte konkret auf solchen Szenarien zu beüben, als auch die Bevölkerung mit entsprechenden Notfallplänen vertraut zu machen und auf persönliche Vorsorgemaßnahmen zum Beispiel an Gebäuden aufmerksam zu machen.

Der veränderten Dynamik im Hochwasserverhalten kann nur durch eine verbesserte regionale Zusammenarbeit aller Katastrophenschutzkräfte entgegengetreten werden. Vorbereitungen auf technischer und natürlicher Ebene sind ab einem bestimmten Grad abgeschlossen. Darüber hinaus hilft nur, die zusätzlichen akuten Maßnahmen für den eigentlichen Hochwasserfall effektiv geplant, eingeübt und mit realistischen Evakuierungsverfahren verbunden zu haben, auf dass sich die Personen- und Sachschäden eines Ahrtals nicht noch einmal wiederholen.

2.4 Löschwasserversorgung

Kapitelübersicht

1. Einleitung

Die Löschwasserversorgung stellt Kommunen immer wieder vor Herausforderungen. Die Trinkwasserversorgung wird häufig als Quelle für die Löschwasserversorgung herangezogen. Die Kommunen müssen unteranderem die zu entnehmenden Wassermengen beachten, die sich aus den Rechtsquellen ergeben. In dieser Arbeit wird die Löschwasserversorgung in Baden-Württemberg behandelt und dabei wird auf die Löschwasserbereitstellung, den Trinkwasserschutz sowie auf den Wassertransport eingegangen, dies verfolgt das Ziel die Komplexität dieses Themas zu vermitteln.

2. Löschwasserbereitstellung

Die Gemeinden sind verpflichtet „für die ständige Bereithaltung von Löschwasservorräten und sonstigen, der technischen Entwicklung entsprechenden Feuerlöschmittel zu sorgen", dies ergibt sich aus § 3 Abs. 1 Nr. 3 Feuerwehrgesetz (FwG). Danach haben die Kommunen die Pflicht für ausreichend Löschmitteln zu sorgen und die dazu notwendige Infrastruktur bereitzustellen. „Darüber hinaus kann der Bürgermeister Eigentümer und Besitzer von abgelegenen Gebäuden dazu verpflichten, Löschwasseranlagen für diese Gebäude zu errichten und zu unterhalten." Die Regelung findet sich in § 3 Abs. 3 Nr. 2 FwG und hat zur Folge, dass die Gemeinde entlastet wird, jedoch könnte dies ein langes und sehr aufwendiges Verfahren bedeuten, da man hier den Bürger zur Errichtung und zur Unterhaltung verpflichtet.

Des Weiteren dient das DVWG-Arbeitsblatt W 405 (Deutscher Verein des Gas- und Wasserfaches e.V.), für den Fall, dass Löschwasser aus dem Leitungsnetz der öffentlichen Trinkwasserversorgung bezogen wird als planerische Grundlage. Dieses Arbeitsblatt bildet die Basis zur Ermittlung des Löschwasserbedarfs in den verschiedenen Baugebieten und ferner zur Prüfung welche Wassermenge dem öffentlichen Trinkwasserrohrnetz jeweils entnommen werden kann.

Das DVWG-Arbeitsblatt W 405 unterscheidet zwischen zwei Arten des Brandschutzes:

Grundschutz (Vgl. Ziffer 3.1 DVWG-Arbeitsblatt W 405): Brandschutz für Wohngebiete, Gewerbegebiete, Mischgebiete und Industriegebiete ohne erhöhtes Sach- oder Personenrisiko.

Objektschutz (Vgl. Ziffer 3.2 DVWG-Arbeitsblatt W 405): Erfolgt über den Grundschutz hinaus und beinhaltet den objektbezogenen Brandschutz bei erhöhtem Brand- und Personenrisiko oder Einzelobjekte in Außenbereichen wie z.B. Krankenhäuser oder Raststätten.

Darüber hinaus sind in diesem Arbeitsblatt weitere Grundsätze unter Ziff. 4 bestimmt, welche bei der Löschmittelversorgung beachtet werden sollen.

Zuerst ist von den Gemeinden zu prüfen, welche Löschmittel für den Brandschutz benötigt werden. Sollte Löschwasser benötigt werden, so sollte es möglichst nicht aus dem Trinkwassernetz entnommen werden. Vorrang hat die Wasserentnahme aus offenen Gewässern (z.B. ein Bach, Fluss oder ein See), Brunnen oder Behältern.

Während der Entnahme von Löschwasser muss die Trinkwasserversorgung gewährleistet sein. Der Betriebsdruck darf an keiner Stelle des Netzes unter 1,5 bar abfallen, da ansonsten die Gefahr einer Verkeimung des Trinkwassernetzes besteht.

In der Tabelle 1 sind Richtwerte für den Löschwasserbedarf (m³/h) in Abhängigkeit von der baulichen Nutzung und der Gefahr der Brandausbreitung zu ermitteln, sollte eine bauliche Nutzung in mehrere Spalten der Tabelle 1 eingeordnet werden können, ist der höchste Wert für den Löschwasserbedarf maßgebend.

Nach Tabelle 1 des Arbeitsblattes variiert die benötigte Wassermenge von der Bebauungsart des Gebietes. In einem Wohngebiet, welches überwiegend von der Bauart nicht feuerbeständig oder nicht feuerhemmend ist, hat einen höheren Löschwasserbedarf, als ein Wohngebiet, welches überwiegend feuerbeständig bzw. hochfeuerhemmend ist. Des Weiteren wird zwischen Wohn-, Gewerbe- und Industriegebieten differenziert.

Tabelle 1 – Richtwerte für den Löschwasserbedarf (m³/h) unter Berücksichtigung der baulichen Nutzung und der Gefahr der Brandausbreitung [e]

Bauliche Nutzung nach § 17 der Baunutzungs-verordnung	reine Wohngebiete (WR) allgem. Wohngebiete (WA) besondere Wohngebiete (WB) Mischgebiete (MI) Dorfgebiete (MD)[a]		Gewerbegebiete (GE) Kerngebiete (MK)			Industrie-gebiete (GI)
Zahl der Voll-geschosse (N)	$N \leq 3$	$N > 3$	$N \leq 3$	$N = 1$	$N > 1$	–
Geschoss-flächenzahl[b] (GFZ)	$0,3 \leq GFZ \leq 0,7$	$0,7 < GFZ \leq 1,2$	$0,3 \leq GFZ \leq 0,7$	$0,7 < GFZ \leq 1$	$1 < GFZ \leq 2,4$	–
Baumassen-zahl[c] (BMZ)	–	–	–	–	–	$BMZ \leq 9$
Löschwasserbedarf bei unterschiedlicher Gefahr der Brandaus-breitung[e]:			m³/h	m³/h	m³/h	m³/h
klein	48	96	48	96		96
mittel	96	96	96	96		192
groß	96	192	96	192		192

Überwiegende Bauart

feuerbeständige[d], hochfeuerhemmend[d] oder feuerhemmende[d] Umfassungen, harte Bedachungen[d]

Umfassungen nicht feuerbeständig oder nicht feuerhemmend, harte Bedachungen oder
Umfassungen feuerbeständig oder feuerhemmend, weiche Bedachungen[b]

Umfassungen nicht feuerbeständig oder nicht feuerhemmend; weiche Bedachungen, Umfassungen aus Holzfachwerk (ausgemauert). Stark behinderte Zugänglichkeit, Häufung von Feuerbrücken usw.

Tabelle 1: Richtwerte für den Löschwasserbedarf (m³/h)

Im Einsatz der Feuerwehr wird es nicht immer möglich sein, den vollen Löschwasserbedarf aus dem Trinkwassernetz zu decken. Besonders dann, wenn der

Löschwasserbedarf den Trinkwasserbedarf erheblich übersteigt, weil eine Bemessung von dem Trinkwassernetz für den vollen Löschwasserbedarf in vielen Fällen zu einer erheblichen Überdimensionierung führen würde. Als Folge bestünde die die Gefahr, dass das Wasser stagniert und es zu einer Verkeimung des Wassers kommen könnte.

Das Löschwasser wird im Löschbereich in einem Umkreis von 300 m um das Brandobjekt (siehe Abb. 1) von Löschwasserentnahmestellen zugeführt, jedoch gilt diese Umkreisregelung nicht über unüberwindbare Hindernisse hinweg (Bahntrassen, Schnellstraßen etc.). Eine Löschwasserentnahmestelle sollte eine Wasserentnahme von mindestens 24 m^3/h (entspricht 400 l/min) über eine Dauer von 2 Stunden zulassen.

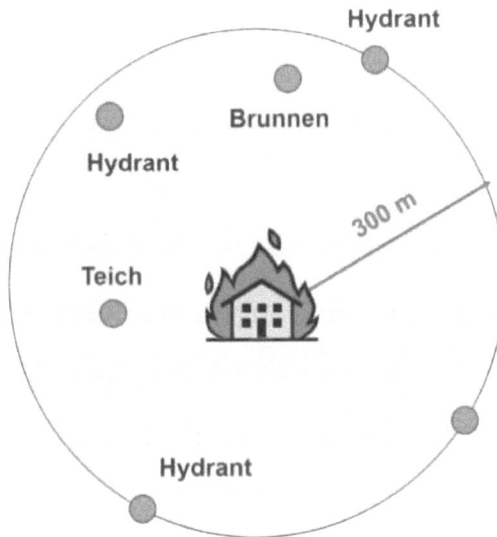

Abb.1: Löschbereich

3. Trinkwasserschutz

3.1 Flüssigkeitskategorien

Trinkwasser wird in die folgenden 5 Flüssigkeitskategorien eingeteilt:

Flüssigkeits-kategorie	Gefährdungsart nach EN 1717 bzw. DIN 1988-4
1	Ohne Gefährdung der Gesundheit und ohne Beeinträchtigung des Geruchs, Geschmacks oder der Farbe. Beispiel: kaltes Trinkwasser
2	Ohne Gefährdung der Gesundheit mit Beeinträchtigung des Geruchs, Geschmacks, Farbe oder Temperatur. Beispiele: Kaffee, Tee, durch Rost verfärbtes Trinkwasser, warmes Trinkwasser
3	Mit Gefährdung der Gesundheit durch weniger giftige Stoffe Beispiele: Glykol, Natronlauge, Heizungswasser ohne Zusatz, Kupfersulfatlösung
4	Mit Gefährdung der Gesundheit durch giftige, sehr giftige, krebserregende oder radioaktive Stoffe einhergehend mit Lebensgefahr. Beispiele: Chemikalien, Farben, chemische Reinigung, galvanische Bäder, Insektizide
5	Mit Gefährdung der Gesundheit durch mikrobielle oder virale Erreger übertragbarer Krankheiten, wenn Lebensgefahr besteht. Beispiele: Hepatitisviren, Salmonellen

Tabelle 2: Flüssigkeitskategorien

Die Landesfeuerwehrschule Baden-Württemberg (LFS), stuft das Löschwasser in die Flüssigkeitskategorie 4 bzw. 5 ein.

Daraus folgt, dass ohne die geeigneten Sicherungseinrichtungen die Gefahr besteht, dass es zu Verunreinigungen des Trinkwassers kommen kann.

3.2 Ursachen der Gefährdung

Als Ursache kommen folgende Gefährdungen in Frage:

Das Rückfließen von bereits aus dem Netz entnommenem Löschwasser Wenn z.B. die Schlauchleitung von dem Trinkwassernetz nicht an den Pumpeneingang angeschlossen wird, sondern an den Pumpenausgang und somit gegen das Trinkwassernetz gepumpt wird.

Durch dynamische Druckänderungen können die Fließverhältnisse so negativ beeinflusst werden, dass es zu Rohrbrüchen kommen kann. Beispielsweise durch das schnelle Schließen von wasserführenden Armaturen bei hohem Durchfluss und hohem Druck.

3.3 Sicherungseinrichtungen

Dies bedeutet es muss verhindert werden, dass das entnommene Wasser nicht in das Trinkwassernetz zurückfließt, hierzu werden Sicherungseinrichtungen nach DIN EN 1717 verwendet. Hierunter fallen der freie Auslauf, der Systemtrenner und der Rückflussverhinderer.

Der freie Auslauf funktioniert bis Flüssigkeitskategorie 5 und hat die beste Schutzwirkung der drei Systeme.

Der Rückflussverhinderer ist der schlechteste der drei Systeme, da er nur bis Flüssigkeitskategorie 2 wirksam ist.

Der Systemtrenner liegt zwischen den beiden anderen, er funktioniert bis Flüssigkeitskategorie 4 und ist damit nicht ganz so effektiv wie ein freier Auslauf.

Der Systemtrenner ist besser als ein Rückflussverhinderer, dies ergibt sich daraus, dass bei einem Systemtrenner der Eingangsdruck immer höher gehalten wird als der Ausgangsdruck, so kann es nie zu einer Umkehr der Fließrichtung kommen. Sollte es nun dennoch zu einer Druckumkehr z.B. durch das Schließen eines Strahlrohres kommen, so öffnet sich das Ablassventil des Systemtrenners und baut den Druck ab. Das Wasser tritt aus und fließt nichts in das Trinkwassernetz. Ein Systemtrenner ist seit 2018 der Stand der Technik und sind zu verwenden.

4. Verwendung von Hydranten

Die Wasserentnahme aus dem öffentlichen Trinkwassernetz erfolgt entweder durch einen Oberflurhydrant oder einen Unterflurhydrant. Um einen Unterflurhydrant zu nutzen wird ein Standrohr zur Wasserentnahme benötigt. Im Württembergischen Landesteil gibt es noch den Schachthydrant, welcher nochmals tiefer als der DIN-Unterflurhydrant verläuft, um den Schachthydrant zu nutzen, wird ein längeres Standrohr benötigt. Die Inbetriebnahme eines Hydranten ist in der FwDV 1 geregelt und ist unbedingt zu beachten.

Die Leistungsfähigkeit von Hydranten variiert und ergibt sich aus dem vorhandenen Leitungsnetz. Maßgeblich sind folgende Faktoren: Der Netzdruck, die Dimension (Durchmesser der Leitung) vor Ort, die Dimension des vorgelagerten Netzes, evtl. vorhandene Druckerhöhungsanlagen und deren Leistungsfähigkeit, Fehler im Netz (nicht vollständig geöffnete Schieber) und dem Zustand der Leitungen (z.B. Ablagerungen). Da so viele Faktoren einwirken ist eine Aussage über die tatsächlich verfügbare Wassermenge immer schwierig. In der Praxis gibt es zur Ermittlung bei der Wassermenge die Faustformel Durchmesser x 10 l/min bei Unterflurhydranten und bei Oberflurhydranten Durchmesser x 15 l/min, wobei der Durchmesser in mm angegeben wird. Diese Faustformel ist nicht immer zutreffend wird aber in der Praxis verwendet, jedoch kann es vorkommen, dass ein Hydrant weit unter dem Wert liegt den die Faustformel suggeriert.

Abb. 2 Hydrantenschild

Nach der Faustformel wäre die verfügbare Wassermenge nach Maßgabe der Abb. 2 bei einem Unterflurhydrant 1.000 l/min und bei einem Oberflurhydrant 1.500 l/min. Um hier die Dimension aufzuzeigen ein Beispiel anhand eines Fahrzeuges der Feuerwehr Bad Krozingen. Das Löschfahrzeug 10, wobei die 10 für die Normbeladung steht, welche sich aus der DIN 14530-5 ergibt. So hat dieses Fahrzeug ein Tankvolumen von 2.000 Litern und eine maximale Pumpenleistung von 2.000 l/min bei einem Druck von 10 bar. Dass bedeutet selbst bei diesem Fahrzeug würde dieser Hydrant nicht ausreichen, um die volle Pumpenleistung zu ermöglichen.

Des Weiteren gibt es ein Hydrantenschild welches nicht wie in Abb. 2 rot ist sondern blau (Abb.3). Dieser Hydrant erfüllt nicht die Bedingung, dass 24 m³/h Löschwasser entnommen werden können und somit im Einsatzfall nicht verwendet werden dürfen. Bei diesen Hydranten kann die Faustformel nicht angewendet werden.

Abb. 3: Blaues Hydrantenschild

5. Wasserförderung über lange Wegstrecken

Für eine Wasserförderung über lange Wegstrecken gibt es verschiedene Möglichkeiten, darunter die Option eine Schlauchleitung zu legen, welche mehr Wasser transportieren kann, jedoch zum Aufbauen viel Zeit benötigt oder man richtet einen Pendelverkehr mit vielen Tankfahrzeugen (TLF) ein.

5.1 Pendelverkehr

Bei dem Pendelverkehr fahren Tanklöschfahrzeuge von einer Wasserentnahme zur Einsatzstelle und wieder zurück. An der Einsatzstelle wird ein großer Pufferbehälter benötigt. Hierzu ein Beispiel aus Anlage 1:

Es soll eine Einsatzstelle mit den folgenden Anforderungen im Pendelverkehr mit Löschwasser versorgt werden:

Löschwasserbedarf an der Einsatzstelle:	800 Liter/Minute
Tankinhalt der pendelnden Fahrzeuge:	2000 Liter
Fahrzeit von Entnahmestelle zur Einsatzstelle	10 Minuten
Füllstrom an der Entnahmestelle	800 Liter/Minute
Rüstzeit an der Einsatz- und Entnahmestelle	8 Minuten

Für diese Annahme werden rechnerisch 14 Tanklöschfahrzeuge benötigt!

Dieses Beispiel verdeutlicht, dass eine sehr hohe Anzahl von Fahrzeugen benötigt wird, um auf diese Art eine Löschwasserversorgung sicher zu stellen. Der damit verbundene logistische Aufwand in der Praxis kaum umsetzbar ist. Daher wird diese Form der Löschwasserversorgung nur in sehr seltenen Sonderfällen zum Einsatz kommen.

5.2 Schlauchleitung

Bei der Schlauchleitung über lange Strecken wird das Wasser über mehrere Pumpen von der Löschwasserentnahmestelle zur Brandstelle transportiert. Dabei ist immer der Druck zu verwenden, welche die schwächste Pumpe im System aufweist. Des Weiteren ist der Reibungsverlust von den Schläuchen zu berücksichtigen. Ein Schlauch mit einem Durchmesser von 75 mm (B Schlauch) hat über die Strecke hinweg Reibungsverluste, welche sich wie folgt darstellen:

Förderstrom [l/min]	Reibungsverlust je 100 m B-Druckschlauch
200	0,1 bar
400	0,3 bar
600	0,6 bar
800	1,0 bar
1000	1,4 bar
1200	2,0 bar

Tabelle 3: Reibungsverluste B-Schläuche

Bei B-Schläuchen ist eine Förderstrommenge über 1.000 l/min unzweckmäßig, da die Reibungsverluste zu stark ansteigen (Anlage 1 LFS Baden-Württemberg).

Es gibt zwei Arten wie man die Pumpen schalten kann. Die geschlossene und die offene Schaltreihe.

Bei der geschlossenen Schaltreihe erfolgt die Wasserübertragung von einer Pumpe direkt in die nächste Pumpe (Siehe Abb. 3)

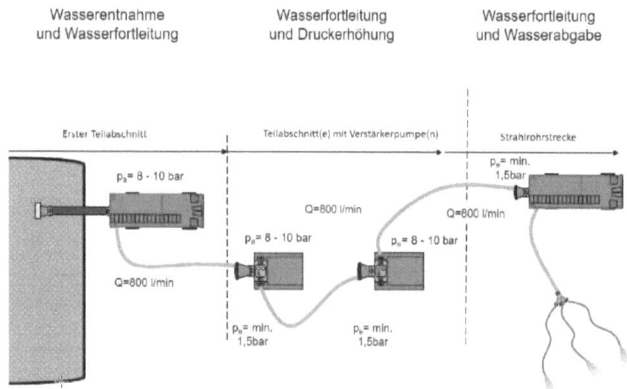

Abb. 4 Schematische Darstellung der geschlossenen Schaltreihe

Bei einer offenen Schaltreihe erfolgt hingegen die Wasserübertragung von einer Pumpe in ein Pufferbecken und dann in die nächste Pumpe. (Siehe Abb. 4)

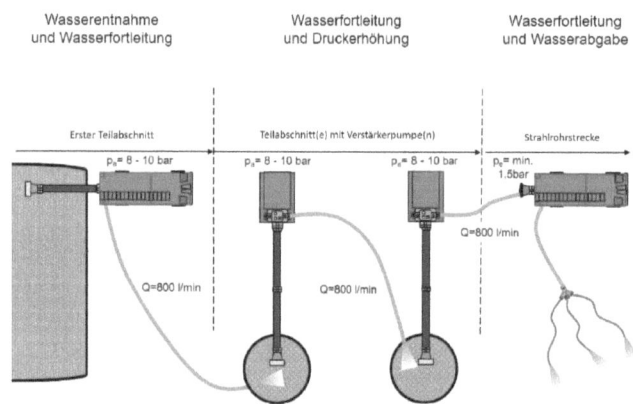

Abb. 5 Schematische Darstellung der offenen Schaltreihe

Die offene Schaltreihe ist einfacher zu handhaben und die Wasserversorgung stoppt nicht sofort, wenn mal ein Schlauch platzt oder eine Pumpe ausfällt, da die Pufferbecken weiterhin mit Wasser zur Verfügung stehen.

6. Fazit

Die Arbeit hat sich wie in der Einleitung erwähnt mit der Löschwasserversorgung beschäftigt und sollte die Komplexität des Themas vermittelt haben, mit welchen Herausforderungen die Feuerwehren sich im Einsatz oder auch die Kommunen bei der Planung und Sicherstellung der Löschwasserversorgung konfrontiert sehen.

3. Naturschutz und Landwirtschaft

3.1 Sicherstellung der Wasserversorgung in der Landwirtschaft

Kapitelübersicht

1. Einleitung

Es klingt absurd: Wir leben auf einem „blauen Planeten", der zu zwei Dritteln mit Wasser bedeckt ist und trotzdem ist das Wasser auf der Erde knapp. Aber: Wasser ist nicht gleich Wasser. Nahezu das ganze Wasser, das unsere Erde bedeckt, befindet sich in Meeren und Ozeanen und ist Salzwasser. Gerade einmal 3% des Wassers auf der Erde ist Süßwasser, wovon sich aber das meiste gefroren in Eis und Gletschern befindet. Flüssiges Süßwasser ist deshalb ein kostbares Gut, das weltweit immer knapper wird. Die Menge an Süßwasser, die jedes Jahr verbraucht wird, ergibt sich aus drei Teilen: Den kleinsten Teil machen die privaten Haushalte aus, den mittleren Teil die Industrie und der größte Verbraucher mitfast 70 Prozent ist die Landwirtschaft. Kein Wunder, denn schließlich muss fast die Hälfte der Nahrung, die am Ende auf unsere Teller kommt, beim Anbau künstlich bewässert werden (vgl.bmwk o. D. a). Wenn es also heißt, Wasser ist die Grundlage jeden Lebens, so trifft diesin der Landwirtschaft gleich mehrfach zu. Eine ausreichende Wasserversorgung ist daher essenziell, damit die Pflanzen auf dem Feld wachsen können und die Tiere genug zu trinken haben. Außerdem produziert die Landwirtschaft die Lebensmittel, die Grundlage unserer Ernährung sind und gleichzeitig können landwirtschaftlich genutzte Böden auch dafür sorgen, dass Regenwasser gefiltert wird, bevor es in das Grundwasser gelangt (vgl. WWF 2020a).

2. Was ist überhaupt Landwirtschaft?

Die Landwirtschaft ist die wirtschaftliche Nutzung des Bodens zur Erzeugung von pflanzlichen und tierischen Produkten. Man spricht auch vom Ackerbau und der Viehwirtschaft (vgl. bpb o. D.).

3. Woher stammt das in der Landwirtschaft genutzte Wasser?

Es kommt in der Landwirtschaft nicht nur darauf an, wie viel Wassergenutzt wird, sondern vor allem auch, wo dieses herkommt. In Deutschland wird für die Bewässerung auf dem Feld zu 99 % Regenwasser genutzt, wohingegen in Ländern mit Wasserknappheit oft auf Brunnenwasser zurückgegriffen werdenmuss (vgl. DBV 2020: 5).

Wenn das Regenwasser allein jedoch nicht ausreicht, was heute schon der Fall ist, bedarf es einer anderen Bewässerung. Hierfür gehen rund 70% des Süßwassers aus Wasserläufen oder Grundwasser auf das Konto der Landwirtschaft. Dieser Bedarf soll bis 2050 um weitere 19% wachsen (vgl. Weltagrarbericht o.D.).

Damit man die Herkunft des Wassers besser einordnen kann, werden 3 Arten des Wasserverbrauchs unterschieden. In welche Arten unterschieden wird, zeigt die folgende Abbildung:

Was ist „grünes", „blaues", „graues" und „virtuelles" Wasser?

- „Grünes" Wasser ist das natürlich vorkommende Regenwasser, das stetig natürlich nachgeliefert wird. Die Landwirtschaft nutzt das Wasser also nachhaltig und „verbraucht" kein Wasser.

- „Blaues" Wasser stammt aus Grund- und Oberflächengewässern, also beispielsweise Wasser, das aus Brunnen oder Flüssen zur Bewässerung oder für den menschlichen Bedarf entnommen wird.

- „Graues" Wasser wiederum ist verunreinigtes Wasser und kann erst nach Reinigung wieder für andere Zwecke verwendet werden.

- Die Wassermenge, die direkt oder indirekt für die Herstellung eines Produktes genutzt wird, bezeichnet man als „virtuelles" Wasser. Es fasst „grünes", „blaues" und „graues" Wasser zusammen.

Abbildung 1 (DBV 2020: 3)

4. Verfügbarkeit von Wasser

Es ist nicht nur entscheidend, woher das Wasser in der Landwirtschaft stammt, sondern auch, dass es in ausreichender Menge zur Verfügung steht. Noch vor wenigen Jahren war zu wenigWasser, Dürre, oder Trockenheit kaum ein Thema in Deutschland. Wasser war weitestgehend immer und überall in ausreichender Menge verfügbar und es ist genügend Niederschlag im Jahr gefallen, um in der Landwirtschaft fast ausschließlich Regenwasser zu nutzen. Aber die letzten Jahre haben deutlich gezeigt, dass der Klimawandel auch in Deutschland das Wasser zu einer wertvollen Ressource werden lässt und die Verfügbarkeit eine zunehmende wichtige Rolle spielt. Kaum eine Region in Deutschland war in den Sommern 2018, 2019 und 2020 nicht wenigstens von der „ungewöhnliche Trockenheit" betroffen. Auch die darauffolgenden Jahre zeigen keine Besserung der ungewöhnlichen Trockenheit. Aufeine meteorologische Dürre, das heißt, das Ausbleiben von Regen über einen längeren Zeitraum, folgt die landwirtschaftliche Dürre, also der Mangel von Wasser, der zu Bodentrockenheit führt und dasPflanzenwachstum beeinträchtigt (vgl. WWF 2020b).

5. Die Auswirkungen des Klimawandels auf die Landwirtschaft

Wie die vergangenen Jahre gezeigt haben, ist im Zuge des Klimawandels mit einer Veränderung der Niederschläge zu rechnen, besonders der jahreszeitlichen Niederschlagsverteilung.

Klimamodelle zeigen große Unterschiede der Wasserverfügbarkeit und erwarten für Deutschland trockenere und heißere Sommer sowie feuchtere, milde Winter. Für die Landwirtschaft kommt erschwerend hinzu, dass die Niederschläge im Winter deutlich zunehmen, sich die Niederschläge zeitlich anders verteilen und in den Sommern die Verdunstung zunimmt. Nicht nur mit Veränderungder Niederschlagsmengen ist zu rechnen, sondern auch mit einer Zunahme von Extremwetterereignissen wie zum

Beispiel Dürren und Extremniederschläge. Denn in der Landwirtschaft ist nicht nur die Gesamtniederschlagssumme eines Jahres entscheidend, sondern vor allem auch, dass das Wasser zur richtigen Zeit zur Verfügung steht. Besonders zur Pflanzzeit ist es wichtig, dass genügend Wasser vorhanden ist, denn sonst bekommen die Jungpflanzen nicht genügend Wasser zum Keimen und das könnte am Ende fatal sein (vgl. DBV 2020: 7).

Auf einen Winter mit einer hohen Niederschlagssumme, folgt ein nasses und kaltes Frühjahr und dann eine Blitzdürre mit hohen Temperaturen, ständigem Wind und teils ganz ohne Regen. Je nachBodenbeschaffenheit sind hier die Folgen unterschiedlich dramatisch. Erst zu viel Regen, dann Blitzdürre. Im Frühjahr 2023 hat es beispielsweise so viel geregnet, dass die Äcker an vielen Stellen verschlämmten und sich dadurch eine harte, fast undurchdringliche Schicht an der Oberfläche gebildet hat. Selbst Maiskeime haben kaum eine Chance, diese Bodenkruste zu durchbrechen und zu wachsen. Pflanzen wie Mais, Sojabohnen oder Kartoffeln, die erst bei höheren Temperaturen ausgesät werden können, kommen Wochen zu spät erst in den Boden und können dann oft nicht wachsen, weil die Feuchtigkeit fehlt (vgl.

Hügenell 2023).

6. Wassersparen in der Landwirtschaft

Wo viel Wasser verbraucht wird, kann natürlich auch viel Wasser eingespart werden. Vor allem wenn man bedenkt, dass das meiste Wasser, das die Landwirtschaft verbraucht, einfach in der Erde versickert oder verdunstet, da die Pflanzen nicht endlos viel Wasserspeichern können. Dieses versickerte oder verdunstete Wasser ist nicht nur verloren, es schadet dem Boden auch zusätzlich. Eine ständige Überwässerung versalzt den Boden und macht ihn unfruchtbar (vgl. bmwk o. D. b).

In Folgendem sind Methoden dargestellt, wie man Wasser in derLandwirtschaft sparen kann.

6.1 ZIM Plant Technology GmbH

Der Wasserdruck im Inneren einer Pflanze lässt sich mit dem Blutdruck eines Menschen vergleichen: Fällt der sogenannte Turgordruck unter eine gewisse Schwelle, wird es für die Pflanzelebensbedrohlich und es muss unbedingt gewässert werden.

Erreicht dieser seinen Höchstwert, so stoppt die Pflanze die Wasseraufnahme und das überschüssige, wertvolle Nass versickertim Boden.

Die ZIM Plant Technology GmbH hat für dieses Problem ein besonderes Überwachungssystem entwickelt, welches ermöglicht die Wasserversorgung von Pflanzen kontinuierlich unter Feldbedingungen zu messen und mit dessen Hilfe Pflanzen genau so viel Wasser bekommen, wie sie auch benötigen (vgl. ebd.). Die

Sonden werden direkt an den Blättern der Pflanze mithilfe von zwei kleinen magnetischen Zylindern befestigt, wovon sich in einem der Zylinder ein drucksensibler Chip befindet. Mit nur 3 Sonden, die miteinem Transmitter verbunden sind, kann ein Feld von bis zu 20 ha überwacht werden. Der „Blutdruck" der Pflanze arbeitet folglich gegen den magnetischen Druck. Durch die Sonde kann so die Differenz zwischen dem magnetischen Druck und dem Turgordruck der Pflanze gemessen werden und festgestellt werden wann die Pflanze bewässert werden muss. Die Sonden informieren nicht nurüber der Wasserbedarf der Pflanzen. Sie sorgen auch dafür, dass bei Bedarf gegossen wird. Dazu werden die Sonden mit dem Bewässerungssystem verbunden und schon bekommen die Pflanzen ganz automatisch die richtige Menge Wasser (vgl. Jordanova-Duda 2011).

6.2 In unsere Nahrung fließt viel Wasser

Dem Grund zufolge, dass immer mehr Menschen auf der Welt leben, brauchen wir folglich auch immer mehr Nahrung, wodurch das Wasserproblem nochmals verschärft wird. Die Menschheit muss es also irgendwie schaffen, mehr Nahrung herzustellen und gleichzeitig Wasser zu sparen. Das kann nur gelingen, wenn in der Zukunft mehr solche Pflanzen angebaut werden, die auch in das entsprechende Klima passen und nicht mehr Wasser benötigen, als die Natur bereitstellen kann. Statt Reis oder Zuckerrohr kann zum Beispiel Gerste und Kichererbsen angebaut werden, die mit Trockenheit gut klarkommen (vgl. WDR 2023b).

6.3 Besser Bewässern

Um Wasser zu sparen bedarf es sinnvoller Bewässerungsmethoden. Häufig wird das Wasser großflächig überden Pflanzen versprengt oder Felder werden geflutet. Ein großer Teil davon verdunstet aber direkt wieder oder sickert an den Pflanzen vorbei, so dass nur ein Bruchteil dort landet, wo er auch hinsoll. Besser wäre hingegen, Schläuche auf die Felder zu legen oder sie in den Boden einzugraben, die in regelmäßigen Abständenkleine Löcher haben. So tropft das Wasser nah an den Pflanzen heraus, so dass die Wurzeln es direkt aufnehmen können und kein Wasser verloren geht (vgl. WDR 2023a).

6.4 Verzicht auf Fleisch und Baumwolle

Nicht nur Landwirte und Forschende können etwas tun, um Wasser in der Landwirtschaft einzusparen - sondern alle Menschen – wir alle als Verbrauchende! – müssen mithelfen. Einwichtiger Punkt ist, dass wir Menschen in Zukunft weniger Fleisch essen. Auf vielen Feldern werden Nutzpflanzen angebaut und folglich auch bewässert, die nicht wir Menschen selbst essen, sondern unsere Nutztiere. Würde man aber stattdessen auf diesen Feldern Pflanzen anbauen, die wir Menschen direkt verzehren, könnte man mit derselben Menge an Ackerfläche und Wasser mehr

Menschen satt bekommen. Ernähren wir uns also mehr von Gemüse und Getreide und weniger von Fleisch, trägt das dazu bei, den Wasserverbrauch in der Landwirtschaft zu verringern. Ein zweiter wichtiger Punkt ist, weniger Kleidung zu kaufen, denn ein großer Teil unserer Kleidung wird aus Baumwolle hergestellt, einer Pflanze, die für ihr Wachstum viel Wasser benötigt und häufig intensiv bewässert wird (vgl. WDR 2023c).

6.5 Humus in der Landwirtschaft

Um in trockenen Phasen das Wasser besser in den Böden halten zukönnen, braucht es intelligente Anbausysteme mit breiten Fruchtfolgen, Mischkulturen und Untersaaten. Die heißen Sommer zeigen, wie wichtig es ist eine gute Bodenstruktur für die Wasserversorgung der Kulturen zu schaffen.

Eine ausgewogene und vielfältige Fruchtfolge erhält und fördert denHumus. Beim Anbau von pflanzlichen Produkten ist es besonders wichtig, dass die Fruchtfolge eingehalten wird. Die Fruchtfolge beschreibt eine Reihenfolge, in der verschiedene Pflanzen in einembestimmten Zeitraum nacheinander angepflanzt werden. Da es sich beim Ackerbau um große Flächen handelt, sind es auch sehr viele Pflanzen, die zur selben Zeit Nährstoffe aus dem Boden entnehmen. Damit dem Boden nicht konstant dieselben Nährstoffe entnommen werden, bis er komplett ausgelaugt ist, werden zwischenzeitlich auch andere Pflanzen angebaut, die wiederum andere Nährstoffe benötigen. Auch ist die Fruchtfolge vorteilhaft gegen Schädlinge (vgl. Pflanzenforschung o. D.).

Ein ausreichender Gehalt an Humus (organische Bodensubstanz) ist die Voraussetzung für die nachhaltige natürliche Bodenfruchtbarkeit, denn der Humus beeinflusst viele Bodeneigenschaften. Der Humus beeinflusst das Porensystem und somit den Luft- und Wasserhaushalt des Bodens. Dadurch wird die Wasser- und Nährstoffzufuhr zur Pflanzenwurzel, die Wurzelentwicklung, die Durchlüftung, die Wasserspeicherfähigkeit, die Wasserversickerung und die Wasserstabilität des Bodens beeinflusst. Aus diesem Grund ist es sehr wichtig, auf einen ausreichenden Humusgehalt zu achten. Auch im Hinblick auf die Klimaerwärmung ist der Humus von großer Bedeutung, denn er hatdie Eigenschaft Wasser zu speichern. Die gespeicherte Wassermenge kann das zwanzigfache des Humusgewichtes erreichen (vgl. LfL o. D.).

6.6 Weitere Maßnahmen

Darüber hinaus gibt es einige weitere Maßnahmen die man zum Wasserschutz anwenden kann. Wie zum Beispiel:

Der Einsatz von Bäumen und Hölzern, um dem BodenSchatten zu spenden und ihn so vor Austrocknung zu schützen. Zusätzlich Dachwasser in einer großen Zisterne sammeln, wobei hier fraglich ist, wie sinnvoll dies ist, da es durchaus jaschon wenig regnet. In der Zukunft auf Pflanzen und Gemüse beschränken, die nicht viel Wasser benötigen.

7. Fazit

Abschließend können wir sagen, dass der Klimawandel zum großen Hauptproblem in der Landwirtschaft wird und zum Teil auch schon ist. Aber auch andere Verhältnisse der Umgebung erschweren es der Landwirtschaft an genügend Wasser zu kommen. Mit verschiedensten Methoden, die hier aufgeführt wurden, kann man diesem Problem entgegenwirken und Strategien entwickeln, wie das Wasser in der Landwirtschaft sichergestellt werden kann. Auch wir Menschen als Endverbraucher spielen dabei eine enorm große Rolle, was den meisten unbewusst ist. Denn letztendlich ist es von uns Konsumenten abhängig wieviel die Bauern anpflanzen müssen und dementsprechend auch bewässern müssen. Wenn jeder Mensch etwas verantwortungsvoller mit Nahrungsmittel umgeht, müssen die Bauern auch folglich weniger anpflanzen und so auch weniger bewässern.

3.2 Das Fischsterben in der Oder

Kapitelübersicht

1. Basiswissen
   - 1.1 Die Geschichte der Oder
   - 1.2 Problemdarstellung
2. Gründe und Fakten
   - 2.1 Die Wasserqualität
   - 2.2 Die Alge „Prymnesium parvum"
   - 2.3 Das Ökosystem und die gravierenden Schäden
   - 2.4 Die zukünftige Prognose
   - 2.5 Die Bedeutung für die Anwohner und Angler der Oder
3. Maßnahmen
   - 3.1 Der Ausbauplan
   - 3.2 Aktionsbündnis lebendige Oder
4. Fazit

1. Basiswissen

1.1 Die Geschichte der Oder

Die Oder hat eine politisch geprägte Historie. Nach dem 2. Weltkrieg und mit dem Warschauer Vertrag galt die Oder-Neiße-Linie als anerkannte Grenze von Deutschland zu Polen. Die akzeptierte Grenze beginnt bei Ratzdorf und endet bei Mescherin. Sie wird jedoch nicht als Trennung, sondern viel mehr als Verbindung wahrgenommen (Twardochleb 2012). Die Oder entspringt in Tschechien, verläuft nach Polen, dann nach Frankfurt Oder, danach durch Stettin, mündet schließlich in der Ostsee und legt somit eine Strecke von rund 900 Kilometer zurück. Eine Besonderheit stellt die Barrierefreiheit für Fische über den gesamten Oderverlauf dar. Diese können den Fluss ungehindert passieren (Rada 2012). Früher wies die Oder eine noch größere Strecke vor. Diese ist alles andere als geradlinig, sondern hat eine schlangenförmige beziehungsweise geschwungene Form. Auf der polnischen Seite fließt neben anderen die Wartha und die Neiße in die Oder (n.V. 2022).

Auch durch die Oderflut von 1997 ging die Oder in die Geschichte ein. Bedingt durch außergewöhnlich hohe Wassermengen aus Tschechien und Polen, standen große Landesteile dieser, sowie unter anderem in Deutschland der Landkreis Brandenburg, unter Wasser. Mehrere Deiche konnten den Wassermassen nicht stand halten. Noch größere Schäden konnten nur abgewehrt werden, weil der Deich im Oderbruchgebiet dem Wasser überraschender Weise standhielt und weil Tausende von Helfern zusammen, Hand in Hand, gegen die Wassermengen arbeiteten (Trudslev 2005).

1.2 Problemdarstellung

Anfang August 2022 erhielt das Brandenburger Umweltamt erste Hinweise, dass vermehrt tote Fische in der Oder aufgefunden wurden. Im Laufe des Monats stellte sich heraus, dass es sich um Tausende von Fischkadaver auf deutscher und polnischer Seite handelte (RND 2022b).

Die Behörden konnten zunächst nicht identifizieren durch was das Massensterben der Fische ausgelöst wurde. Aufgrund dessen und der schon damalig schlechten Zusammenarbeit der deutschen und polnischen Behörden verloren sie wertvolle Zeit, um den Grund ausfindig zu machen (Jan Zimmermann 2023). Es offenbarte sich nämlich, dass die Polnische Seite bereits gegen Ende Juli 2022 von dem Fischsterben Kenntnis hatte und diese nicht an die Deutschen Behörden weiterleitete. Dies führte zu einer wachsenden Verärgerung auf deutscher Seite. Es wird angenommen, dass bei rechtzeitiger Informationsvermittlung früher und besser gehandelt werden hätte können (Interview mit Sascha Meier am 2022). Erstmalig wurde seitens Polens vermutet, dass Chemie-Abfälle in der Oder entsorgt wurden (Tagesschau 2022). Nachdem etliche Tage vergingen konnte, nach vielen Mutmaßungen und Labortests, endlich die Ursache festgestellt werden. Durch den Klimawandel begünstigt, sank der Wasserspiegel der Oder und das Wasser wies eine wärmere Temperatur als normal auf. Die Katastrophe resultiert auch aus einem angestiegenem Salzgehalt in dem Binnengewässer. Der Grund für den erhöhten Salzgehalt bleibt vorerst noch unklar. Durch diese veränderten Faktoren konnte sich die Alge „Prymnesium parvum" sehr stark ausbreiten, welche die Fische vergiftete und schließlich als Hauptgrund zum Massensterben führte (NABU 2022b).

Die kompletten Gebiete in Brandenburg und weitere Abschnitte der Oder waren und sind von der Umweltverschmutzung betroffen (RND 2022a).

2. Gründe und Fakten

2.1 Die Wasserqualität

Der voranschreitende Klimawandel wird durch das Fischsterben in der Oder deutlich. Bedingt durch die ansteigenden Temperaturen sinkt der Wasserpegel der Oder weiter ab, wodurch die Temperatur des Gewässers ansteigt. Diese Bedingungen führten ebenso zu der Katastrophe und schlussendlich zum Sterben der darin beheimateten Fischarten (Umweltbundesamt 2023). Weiter ist das Hauptproblem der Oder der hohe Salzgehalt im Wasser. Um sich klar machen zu können von welchem Ausmaß hier gesprochen wird, möchte ich darauf näher eingehen. Die im Salzwasser enthaltenen Ionen und Chloridionen sind elektrisch geladen. Deshalb ist es möglich, dass Salzwasser Strom leitet. Reines Wasser enthält normal wenige Ionen, weshalb hier so gut wie kein Strom geleitet werden kann (Dittmar-Ilgen). Die elektrische Leitfähigkeit von Wasser wird durch Mikrosiemens angegeben. Das heißt umso verschmutzter das Wasser ist, desto höher ist dieser Wert. Bei Gewässern wie der Oder ist ein Leitwert von 1.000 Mikrosiemens hoch. Die Oder wies im Sommer 2022, bei gemischtem Wasser aus dem Fluss Wartha, einen Wert von 1.400 Mikrosiemens auf. Direkt im Wasser von der Oder wurden Proben entnommen, die über 1.900 Mikrosiemens lagen. Das bedeutet, dass die ermittelten Werte die Normalwerte des Salzgehaltes bei Weiten überstiegen (rbb24 2022).

Die wichtigste Priorität war nun, herauszufinden durch was dieser enorme Anstieg entstanden ist. Experten des Leibniz-Instituts für Gewässerökologie und Binnenfischerei konnten dies nach mehreren Wochen feststellen. Im schlesischen Odereinzugsgebiet wird das Sümpfungswasser aus den Kohlegruben in die Oder eingeleitet. Bei Sümpfungswasser handelt es sich um Wasser, dass aus den Abbauzonen gepumpt wird (Erftverband 2021). Dieses Wasser enthält einen hohen Kochsalzgehalt. Nach diesen Erkenntnissen, einigten sich beide Seiten darauf, dass das Sümpfungswasser nicht mehr in die Oder abgeleitet werden darf (Zimmermann 2023).
Später stellte sich jedoch heraus, dass dies nicht das einzige Abwasser ist, welches auf polnischer Seite in die Oder geleitet wird. Nichtsdestotrotz muss die Ableitung des salzhaltigen Wassers gestoppt werden, damit die Verschmutzung der Oder nachlässt und sich der Fluss erholen kann (ZDF 2023).

2.2 Die Alge "Prymnesium parvum"

Die Goldalge ist nur wenige Tausendstel Millimeter groß und somit mit bloßem Auge nicht zu erkennen. Aufgrund ihrer geringen Größe kann sie leicht durch Wasservögel, Gummistiefel oder Angler verbreitet werden. Bei der Prymnesium parvum handelt es sich um eine Brackwasseralge, die Giftstoffe produziert (WDR 2022). Es gibt aber verschiedene Genotypen der Alge, bei dem Typ in der Oder handelt es sich um den B-Typ (Wolter et al. 2023). Nach Aussagen des Leibnitz-Instituts für Gewässerökologie und Binnenfischerei (IGB) ist es gewöhnlich, dass die Alge auch in Binnengewässern aufzufinden ist. Sie vermehrt sich am besten durch viel Licht, einem erhöhten Salzgehalt und einer wärmeren Wassertemperatur. Normalerweise taucht sie in Binnengewässern aber nur in geringen Mengen auf. Durch den sinkenden Pegel, den wärmeren Temperaturen und dem erhöhten Salzgehalt, bot die Oder jedoch überdurchschnittlich gute Voraussetzungen für die Massenvermehrung der Alge (WDR 2022).

Einzeln oder in einer geringen Menge ist die Goldalge für größere Fische, wie die, die in der Oder leben, harmlos. Aber durch die großen Vorkommnisse der Alge im Sommer 2022 und die große Menge an produziertem Gift, stellt sie eine äußerst ernst zu nehmende Gefährdung dar (Lüdemann 2023). Der Giftstoff zerstört das dünne Kiemengewebe der Fische, welches sie zum Atmen benötigen (Umweltbundesamt 2023). Die Algenart ist nicht nur für Fische bedrohlich, denn das erzeugte Toxoid der Alge stellt auch für weitere Flussbewohner wie Muscheln oder Schnecken eine Gefahr dar (Tittmann 2023a).

Um ein derartiges Ereignis künftig abwehren zu können, wurde bereits 2023 ein spezieller PCR-Test optimiert. Damit kann die Goldalge und ihr Wachstum identifiziert und überwacht werden. Dadurch soll zukünftig schneller gehandelt werden können und das Ökosystem besser geschützt werden (Wolter et al. 2023).

2.3 Das Ökosystem und die gravierenden Schäden

Die Fischbestände sanken infolge des Desasters gravierend. Um genau ermitteln zu können, welche Fischarten inwiefern betroffen sind, führt das Leibnitz-Institut für Gewässerökologie und Binnenfischerei Befischungen durch. Die Ergebnisse zeigten, dass die Zahl im mittleren Bereich der Oder um 67 Prozent abnahm. Im unteren Bereich nahm die Zahl um 53 Prozent ab. Fischarten wie der Güster, die Barbe, der Kaulbarsch und die Quappe trugen außerordentlich hohe Einbußen davon (Tittmann 2023b).
Wie bereits schon erwähnt, starben nicht nur Fische an der Giftalge. Großmuscheln, die das Wasser reinigten, verendeten ebenfalls an dem verseuchtem Wasser. Das bedeutet für das Ökosystem, dass diese zur Reinigung fehlen. Das wird auch noch in weiteren Jahren spürbar sein, denn das Wachstum der Großmuscheln geht nur schleppend voran (Zimmermann 2023).

Wirtschaftliche Schäden tragen auch die Berufsfischer davon. Sie dürfen ihren Fang, den sie seit dem 28.07.2022 gefangen haben, nicht mehr verkaufen. Grund hierfür ist, dass an besagtem Tag die ersten Fischkadaver in Polen gesichtet wurden. Restaurantbesitzer Torsten Neufert klagt über ausbleibende Touristen und viele Gäste, die ihre Reservierung absagen (Fiedler 2022).

2.4 Die zukünftige Prognose

Mehrere Stichproben aus der Oder ergaben, dass die Alge sich bereits im gesamten Gewässerverlauf ausgebreitet hat. Das bedeutet, dass sie sich bei günstigen Voraussetzungen immer wieder und sehr stark vermehren kann (Tittmann 2023b).

Bereits im Jahr der Katastrophe, teilte Christian Wolter vom IGB mit, dass ohne sofortiges Handeln, in den kommenden Jahren eine noch größere Gefahr besteht. Vor allem weil durch den voranschreitenden Klimawandel und den damit verbundenen eventuellen Hitzewellen, die bereits bestehende Population der Alge noch schneller voranschreiten wird. Auch im Jahr 2023 musste die Oder im Sommer um sein Ökosystem bangen. Ein erneutes Fiasko konnte, durch das Verbot der Einleitung des Sümpfungswasser, vorläufig abgewehrt werden (Zimmermann 2023).
Um die Regeneration des Ökosystems zu unterstützen, muss unbedingt die Einführung des Salzes gestoppt werden. Ohne die Senkung des Salzgehaltes im Gewässer wird eine erneute Vermehrung der Alge unaufhaltsam sein und die Katastrophe beginnt noch einmal (Tittmann 2023b).

Schon im Frühsommer 2023 fand ein ähnliches Fischsterben statt. In den von der Oder abzweigenden Gleiwitzer und Kedzierzyn-Kanälen wurden wieder mehrere Kilogramm toter Fisch entdeckt. Untersuchungen ergaben, dass sich auch hier die Goldalge angesiedelt hat. Die Angst, dass dies auch wieder in der Oder passiert, ist groß. Doch diese sollte im Jahr 2023 verschont bleiben (Deutschlandfunk 2023). Das Fischsterben in der Saale bei Bernburg hatte nichts mit den Goldalgen zu tun. Hierbei handelt es sich um eine defekte Rohrleitung, aus der ammoniakhaltige Sole ausgetreten ist. Das betroffene Solvay-Werk teilte mit, dass sofort gehandelt wurde, sobald dies bemerkt wurde   (MDR   2022).
Die Erholung der Fischbestände in der Oder scheint derzeit vielversprechend, wenn es nicht zu einem erneuten Massensterben kommt. Die Proben und Untersuchungen ergaben, dass keine Fischart der Oder komplett verlorengegangen ist. Zudem konnte eine bedeutende Menge an Fischlaich ermittelt werden (Tittmann 2023b). Dazu beigetragen haben vor allem die im Frühjahr 2023 hohen Wasserstände. Diese stellten eine ideale Umgebung für die Fortpflanzung der Fische dar. Wenn sich die Fischarten kontinuierlich und ungestört fortpflanzen können, könnten sich diese in der Tat wieder in bis zu drei Jahren regenerieren (Wolter et al. 2023).
Allerdings können keine voreiligen Entschlüsse getroffen werden, da die Industrieanlagen in Polen weiterhin salzbelastende Abwasser in den Fluss leiten. Dadurch besteht eine latente Gefahr für die Oder. Insgesamt 22 Unternehmen auf polnischer Seite der Oder dürfen ihre Abwasser in den Fluss leiten. Dies geschieht

legal und mit Genehmigung. Polen erfüllt demnach nicht die Anforderungen an die Abwasserversorgung. Laut dem polnischen Prof. Dr. Piotr Skubala befinden sich 90% der polnischen Flüsse in einem schlechten Zustand. Ob es weitere Firmen gibt, die ihre Abwasser illegal in Flüsse wie die Oder leiten, haben die polnischen Behörden nicht ermitteln können (ZDF 2023).

2.5 Die Bedeutung für die Anwohner und Angler der Oder

Als das Fischsterben bekannt wurde und die Ursache hierfür noch nicht feststand, warnte die Stadtverwaltung von Frankfurt an der Oder vor der Nutzung des Wassers. Baden, Schwimmen, Angeln und auch Wassersport wurden verboten. Zwei Monate später und nach der Feststellung des erhöhten Salzgehalts wurde die Einschränkung wieder aufgehoben (ZDF 2022). Nach weiteren Untersuchungen gaben Forscher des IGB bekannt, dass das Gift der Goldalge für Menschen unbedenklich ist (RND 2022a). Derweil lassen die Binnenfischer auf der deutschen Seite den Fischbestand der Oder unbefischt. Sie wollen, dass sich die Fischbestände zunächst generieren, um das Ökosystem der Oder nicht weiter zu gefährden. Dies bedeutet auch für jeden Hobbyangler einen herben Rückschlag (ZDF 2023).

3. Maßnahmen

3.1 Der Ausbauplan

Wie bereits in Kapitel 0 angesprochen, ist die Oder einer der wenigen Flüsse, der für Fische über hunderte Kilometer hinweg barrierefrei ist. Dies sollte sich mit den Ausbauplänen ändern. Mit dem bereits 2015 abgeschlossenen „Abkommen über die gemeinsame Verbesserung der Situation an den Wasserstraßen im deutsch-polnischen Grenzgebiet" sollten von polnischer Seite Staustufen für große Binnenschiffe entstehen. Diese sollen einer Anhebung oder Senkung des Wasserpegels dienen, um somit den Schiffen eine leichtere Fahrt zu ermöglichen. Diese Pläne erfuhren viel Gegenwind von deutscher als auch von polnischer Seite. Es gibt Bedenken hinsichtlich des dadurch erhöhten Hochwasserrisikos, außerdem würden die für die Oder berühmten Auen zerstört werden. Bei Auen handelt es sich um sogenannte Überflutungsflächen, die bei Hochwasser volllaufen und bei Niedrigwasser nach und nach wieder austrocknen (WWF 2023). Auch würde infolgedessen die Sohlerosion begünstigt werden. Dabei bahnt sich das Wasser seinen Weg nach unten und der Fluss würde immer tiefer werden (May 2021).

Durch die Geschehnisse im Jahr 2022 würde der ohnehin schon geschwächte Fischbestand unter dem Ausbau noch mehr leiden. Der Gewässerökologe Martin Pusch erklärte, dass viele Fische nur deshalb überlebten, weil sie in die Nebengewässer ausweichen konnten. Wenn die Ausbaupläne weiter verfolgt werden, würde das Gravierendes für die Fische bedeuten. Sie wären in der Oder und der zunehmenden Tiefe regelrecht gefangen und der Goldalge somit schutzlos ausgeliefert. Weiter verstoßen die Pläne sogar gegen das EU-Umweltrecht (Deutschlandfunk 2023).

Anfang des Jahres 2023 sollte der Stopp des Ausbaus auf polnischer Seite dann per Gerichtsurteil angeordnet werden. Nachdem die Umweltorganisationen Deutscher Naturschutzring e.V., Naturschutzbund Deutschland e.V. und Bund für Umwelt und Naturschutz Deutschland e.V. Klage gegen die Genehmigung eingelegt haben. Der Baustopp auf deutscher Seite stellt angesichts der Katastrophe ein Triumph für die Fischbestände und das gesamte Ökosystem der Oder dar (NABU 2023). Leider wurde der Ausbau auf polnischer Seite trotz Verbot und täglicher Strafe bisher nicht abgebrochen (Dudek 2023).

3.2 Aktionsbündnis lebendige Oder

Das „Aktionsbündnis lebendige Oder" stellt den Gegenpool der Befürworter der Ausbaupläne dar. Sie wollen verhindern, dass die Oder eine Wasserstraße und somit Teil des Kanalsystems wird. Weiter fordern sie die Politik auf, über die Ursache der Umweltkatastrophe der Oder in Deutschland und in Polen ausgiebig zu informieren (NABU 2022a). Auch die Ableitung von salzhaltigem Wasser auf polnischer Seite soll endlich gestoppt werden und die Schuldigen zur Verantwortung gezogen werden. Als wichtiger Bestandteil des Naturschutzes möchte das Bündnis das Gewässer in Form einer Renaturierung wiederherstellen. Dies soll insbesondere den geschwächten Lebewesen in der Oder zugutekommen. Außerdem wollen sie an weiteren Lösungen arbeiten, mit deren Hilfe man Katastrophen wie die der Oder verhindern kann. Oberstes Ziel ist es die Natur zu schützen, die Wasserbestände und dessen Qualität zu erhalten und Ereignisse, wie die der Oderverschmutzung, frühzeitig abwehren zu können (Arbinger 2022).

4. Fazit

Schlussendlich wird deutlich, dass bereits gegen den hohen Salzgehalt, somit gegen die Goldalge und das Fischsterben gekämpft wird. Auch die angedachte Renaturierung kommt der Oder entscheidend zugute. Das Gewässer wird nicht noch mehr durch den Menschen beherrscht, sondern die Auen und der Fluss an sich bleiben mehr naturbelassen. Auch positiv zu erwähnen ist, dass die Einleitung von Sümpfungswasser aus den Kohlegruben untersagt wurde. Daraus ergibt sich, dass wenigstens eine Hauptquelle des salzbelastenden Wassers entfällt und der Salzgehalt 2023 ein wenig gesenkt werden konnte. Das ist auch ausschlaggebend für die Zukunft der Oder. Ohne die Kooperation zwischen den Ländern und der gemeinsamen Bekämpfung der Gefahr, welche durch die Goldalge entstanden ist, ist die bevorstehende Zeit für die gesamte Oder pessimistisch. Wenn die Situation nicht verbessert wird, ist es nicht unwahrscheinlich, dass sich die Katastrophe wiederholt und der Negativpreis „Dinosaurier des Jahres" nicht nur im Jahr 2022 an das

Fischsterben der Oder gehen wird. Der Ausbaustopp auf beiden Seiten ist aufgrund dessen essentiell für das gesamte Ökosystem. Deshalb ist es wichtig, dass die Behörden beider Partien Hand in Hand arbeiten und die Streitigkeiten beiseitegelegt werden. Es ist bekannt, dass weiterhin Firmen auf polnischer Seite legal salzhaltiges Wasser in die Oder leiten. Um den Beteiligten klar machen zu können, was das für Auswirkungen auf das Gewässer hat, sollte besser aufgeklärt werden. Um mehr Verständnis über dieses Verbot zu schaffen, könnte in Form von Vorträgen oder Öffentlichkeitsarbeit ausgiebig informiert werden. Neben diesen Punkten, sollte die polnische Behörde das Gewässer besser kontrollieren, sodass eine Ableitung von salzhaltigem Wasser verhindert werden kann. Da sich die Alge bereits im gesamten Gewässerverlauf ausgebreitet hat, hängt die fragliche Zukunft der Oder von der Zusammenarbeit der Menschen, dem dadurch verbundenen Salzwassergehalt und dem Klimawandel ab.

3.3 Grundwasserverschmutzung in Verbindung mit Weinbau

Kapitelübersicht

1. Einleitung

„Mehr als 70 Prozent des deutschen Trinkwassers werden aus Grundwasser gewonnen" (Umweltbundesamt, 2023). Deshalb ist die Grundwasserverschmutzung ein sehr bedeutendes und relevantes Thema, das nicht unterschätzt werden darf. Die Landwirtschaft im Generellen, aber auch der Weinbau im Speziellen, haben diesbezüglich einen großen Einfluss. Grundwasser ist für uns alle, als Verbraucher und auch für die Natur eine lebenswichtige Ressource, deshalb werde ich in dieser Arbeit genauer auf die Ursachen, sowie auf die ökologischen und gesundheitlichen Auswirkungen der Grundwasserverschmutzung eingehen. Der wesentliche Punkt bezieht sich hierbei auf mögliche Schutzmaßnahmen, aber auch auf die Umsetzbarkeit durch die Weinbauern und Probleme, welche dabei auftreten könnten. 1. Ursachen von Grundwasserverschmutzung im Weinbau Die Grundwasserverschmutzung wird von vielen verschiedenen Faktoren beeinflusst. Die wohl schädlichsten und bekanntesten, sind Pestizide und Herbizide, welche zur Bekämpfung von Schädlingen und Unkraut genutzt werden. Aber auch andere Düngemittel und Chemikalien richten oft mehr Schaden an, als man vermutet. Insbesondere, wenn diese nicht ordnungsgemäß verwendet werden.

1.1 Pestizide

Pestizide sind chemische Substanzen, in Form von Pflanzenschutzmitteln, welche in der Landwirtschaft zur Erhaltung der Gesundheit von Pflanzen verwendet werden. Die Pestizide vernichten Krankheiten und beugen dem Schädlingsbefall vor, was zu einer erfolgreicheren Ernte für den Bauern führt. Die Stoffe wirken jedoch nicht nur am Zielort, sondern schädigen auch alle anderen Organismen (vgl. BUND für Umwelt und Naturschutz). Es wird hierbei in verschiedene Arten von Pestiziden unterschieden. Besonders häufig benutzt werden Herbizide (Unkrautvernichtung), Insektizide (Insektenvernichtung) und Fungizide (Pilzvernichtung) (vgl. Europäische Behörde für Lebensmittelsicherheit, 2023). Genauer wird aber auch in die Art und Weise der Wirkung unterschieden. Wenn sich das Mittel in der Pflanze verteilt und von innen wirkt, wird von einer systematischen Wirkung gesprochen. Bei der protektiven Wirkung wird die Pflanze durch die Anwendung von Pflanzenschutzmitteln im Vornherein vor Schaderregern geschützt. Anders funktioniert es bei der kurativen Wirkung, hier können Infektionen, die durch Schaderreger verursacht wurden, im inneren der Pflanze geheilt werden (vgl. Kast, 2005).

1.2 Herbizide

Im Weinbau machen Winzer oft Gebrauch von Herbiziden. Dies sind spezielle Unkrautvernichtungsmittel. Man unterscheidet in selektive Herbizide, die nur gegen bestimmte Pflanzen und Unkräuter wirken und Breitbandherbizide, welche auch Totalherbizide genannt werden. Diese wirken gegen viele verschiedene Pflanzen und Unkräuter (vgl. Adama). Pflanzen, die dafür nicht extra gentechnisch verändert wurden sind nicht Herbizid-resistent und sterben ab (vgl. BMUV,2023). So wird erreicht, dass nur die gewünschten, gentechnisch veränderten Pflanzen überleben und die Nährstoffe und das Wasser aus dem Boden aufnehmen. Jedoch entwickeln manche Pflanzen eine natürliche Resistenz gegen das Herbizid und breiten sich daraufhin ungehindert aus. So sind Landwirte gezwungen, weitere Herbizide gegen diese Pflanzen zu verwenden, wodurch eine noch höhere Belastung der Nutzpflanzen und so auch des Bodens und Grundwassers entsteht (vgl. BMUV, 2023). Glyphosat ist europa- und weltweit das am häufigsten eingesetzte Herbizid. Der Einsatz ist aktuell in Diskussion, da durch das Absterben der unerwünschten Pflanzen der Lebensraum und die Nahrung für die dort lebenden Insekten zerstört werden. Glyphosat war noch bis zum 15. Dezember 2023 in der EU zugelassen. Nach einer neuen Bewertung des Wirkstoffes wird entschieden, ob das Pflanzenschutzmittel noch weitere Jahre zugelassen wird. Bis 2030 ist das Ziel festgelegt, den Pestizideinsatz um 50 Prozent zu verringern (vgl. Europäisches Parlament, 2023).

1.3 Düngemittel

Für die Düngung der Reben wird häufig Stickstoff in Form von Nitrat verwendet, da dies das Pflanzenwachstum fördert (vgl. badenovaNETZE). Nitrat ist ein Nährstoff, der nicht im Boden gebunden werden kann und somit vor allem bei Übernutzung durch den Regen ausgewaschen wird. Das Regenwasser landet letztendlich in unserem Grundwasser und verschmutzt dieses. Damit es nicht dazu kommt, gibt es laut der Düngeverordnung (DüV) ein Stickstoff-Düngebedarfsermittlungsverfahren, in dem alle relevanten Faktoren für das Rebenwachstum miteinbezogen werden (vgl. Hochschule

Geisenheim). Die europaweit festgelegte Qualitätsnorm beträgt 50 mg Nitrat je Liter. Trotzdem wird der Schwellenwert von Nitrat in Deutschland bei circa 17 Prozent der Messstellen überschritten, in Gebieten mit viel landwirtschaftlicher Nutzung um circa 27 Prozent. Bei Überschreitung des Wertes müssen Reduzierungsmaßnahmen eingeleitet werden (vgl. Umweltbundesamt, 2022). 3

1.4 Wirkung von Pflanzenschutzmitteln

Pflanzenschutzmittel sollen die Reben vor Krankheiten, Unkraut und Schädlingen schützen. Weinreben sind häufig von Mehltau (lat. Oidium) betroffen, einer Pilzkrankheit, durch die die ganze Ernte betroffen sein kann (vgl. Delinat GmbH). In solchen Fällen muss schnell gehandelt werden, jedoch gestaltet sich die Umsetzung mit den richtigen Mitteln nicht ganz so einfach. Denn die schädlichen Stoffe gelangen auch in die Trauben und somit letztendlich in den Wein, den wir trinken. Man unterscheidet hierbei vor allem in sogenannte Kontaktmittel und systemische Mittel. Kontaktmittel werden von außen angewendet, bilden eine Schutzschicht um die Pflanze und stehen somit in direktem Kontakt mit den Schädlingen. Je nach Wetterlage wird diese Schutzschicht vom Regen weggespült, ist somit nicht länger wirksam und die Schadstoffe landen schlussendlich im Grundwasser. Systemische Mittel schützen die Pflanze von innen vor schädlichen Krankheiten. Diese Methode scheint zuerst effektiver, doch die schädlichen Stoffe befinden sich damit im Endprodukt (vgl. Kausch). Keine der beiden Möglichkeiten ist optimal, weshalb es besonders wichtig ist, auf eine gute Pflege und Beobachtung der Reben zu achten, um Krankheiten vorzubeugen oder zeitgerecht handeln zu können. Außerdem gibt es bereits verschiedene Alternativen zu den bisher verwendeten Pestiziden, auf die ich im weiteren Verlauf noch eingehen werde.

2. Auswirkungen von Grundwasserverschmutzung

Im Wesentlichen sind die Umwelt, der Mensch und die Tiere von der Grundwasserverschmutzung stark betroffen. Insbesondere das lebensnotwendige Trinkwasser, aber auch die Lebensräume werden durch verschieden Giftstoffe zerstört. Um lösungsorientierte Maßnahmen dagegen unternehmen zu können, müssen die Auswirkungen zuerst klar definiert werden.

2.1 Auswirkungen der Pestizide auf die Umwelt

Wie oben bereits erwähnt, sterben alle Pflanzen, die nicht extra gentechnisch verändert worden sind, durch den Einsatz von Pestiziden ab. Somit auch das Unkraut und die Gräser rund um die Rebstöcke. Diese Pflanzen stellen normalerweise einen wichtigen Lebensraum für viele Insekten und Würmer dar, welche einen großen Teil der Nahrungskette abdecken. Dadurch ist schlussendlich die ganze Nahrungskette negativ betroffen, weil weniger Nahrung für die übrigen Tiere existiert (vgl. BUND für Umwelt und Naturschutz). Insbesondere die Bienen haben einen 4 enormen Nachteil, da ihnen ein großer Teil des benötigten Blütenstaubes fehlt. Ohne genügend Blütenstaub und ein funktionierendes Ökosystem können nicht mehr genügend Bäume bestäubt werden und es existiert langfristig weniger Nahrung für jegliche Verbraucher.

2.2 Auswirkungen auf den Menschen als Verbraucher

Die Pestizidkonzentration im Grundwasser ist streng begrenzt. Der Grenzwert entspricht 0,1 Mikrogramm pro Liter Trinkwasser (vgl. BfR), aber wird noch immer nicht überall eingehalten. Von ungefähr 14.500 Grundwassermessstellen deutschlandweit, wurden bei 3,8 Prozent der untersuchten Stellen Pestizidrückstände oberhalb des Grenzwertes festgestellt (vgl. Hilliges et al. ,2022). Pestizide stehen laut der WHO schon länger im Verdacht krebserregend zu sein. Bis heute gibt es aber durch Forschung keine hundertprozentige Bestätigung, jedoch wird davon ausgegangen, dass auch viele andere Krankheiten durch die unterbewusste Einnahme von Glyphosat entstehen (vgl. Greenpeace, 2023). Die im Trinkwasser enthaltenen Nitratmengen sind für einen erwachsenen Menschen nicht besonders schädlich, doch vor allem Säuglinge, die jünger als 6 Monate sind, sind besonders gefährdet. Das Magenmilieu ist bei den Säuglingen weniger sauer und die dort angesiedelten Bakterien wandeln das Nitrat in Nitrit um. Wenn Nitrit in den Blutkreislauf kommt, oxidiert der Blutfarbstoff Hämoglobin zu Methämoglobin, welcher Sauerstoff nicht binden kann. Die Säuglinge leiden folglich unter einer reduzierten Sauerstoffaufnahme, was in diesem Alter schwere Folgen haben kann (vgl. Umweltbundesamt, 2022).

3. Schutzmaßnahmen

Die richtigen Schutzmaßnahmen, um der Grundwasserverschmutzung vorzubeugen spielen eine große Rolle. Da der Weinbau für viele auch einen kulturellen Wert hat, ist es besonders wichtig, die Weinherstellung auch weiterhin zu erhalten. Dafür müssen bestimmte Maßnahmen getroffen werden, damit dies möglichst umweltneutral passieren kann. Bio-Winzer haben damit einen Anfang gemacht, doch dafür wird Unterstützung durch den Staat benötigt, denn vielen konventionellen Winzern fehlen die Möglichkeiten hierfür.

3.1 Zwischenfruchtanbau

Eine Möglichkeit, um den Nitratgehalt im Grundwasser zu verringern, ist der Zwischenfruchtanbau. Im Zeitraum von Herbst bis Frühling regnet es sehr häufig und es kommt zur höchsten Grundwasserneubildung. Somit wird vor allem in diesen Monaten am meisten Nitrat ausgewaschen (vgl. badenovaNETZE). Das Prinzip des Zwischenfruchtanbaus besteht darin, Zwischenfrüchte (bestimmte Pflanzen) in den vegetationslosen Monaten anzubauen. Dadurch entstehen viele Vorteile, wie zum Beispiel die Verbesserung der Wasserhaltefähigkeit, die Förderung des Bodenlebens, aber auch die Verringerung der Nitratauswaschung (vgl. BZL). Üblicherweise wird diese Methode bei landwirtschaftlich genutzten Feldern angewendet, jedoch eignen sich auch die Weinberge hierfür. Besonders effizient ist Buchweizen, welcher schnellwachsend, anspruchslos und robust ist. Außerdem wird das Wachstum von Unkräutern unterdrückt und die Pflanzen frieren über den Winter ab (vgl. Raiffeisen).

3.2 Alternative Möglichkeiten zur Verwendung von Pestiziden

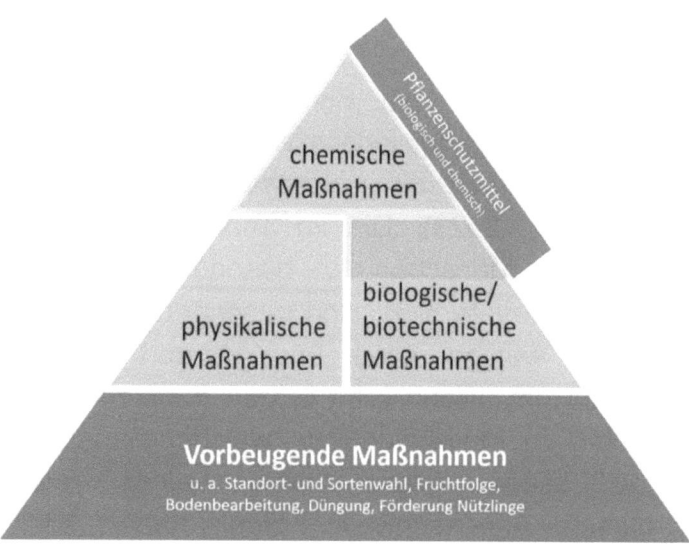

Abbildung 1: Maßnahmenpyramide für den integrierten Pflanzenschutz, Quelle: BLE

Vorbeugende Maßnahmen sind der erste und wichtigste Schritt, um die Pflanzen bestmöglich zu schützen. Darunter zählt unteranderem eine gute Bodengesundheit und -bearbeitung, da die Pflanzen so gesünder und resistenter gegen mögliche Schädlinge werden. Als nächstes ist es sinnvoll, Gebrauch von physikalischen Verfahren zu machen. Das sogenannte thermische oder auch mechanische Verfahren beschreibt das Ausreißen von Unkraut mit Hilfe von mechanischen Geräten und die Unkrautbekämpfung mit Abflammgeräten. Bei biologischen und 6 biotechnischen Verfahren wird besonders Wert auf die Anwendung von Nützlingen oder bestimmten Mikroorganismen gelegt, die Schädlinge und Krankheiten an den Pflanzen regulieren. Außerdem ist es möglich, nicht schädliche Naturstoffe in Form von Pflanzenölen oder -extrakten zu verwenden. Wenn diese Methoden nicht wirken, ist es im letzten Schritt notwendig chemische Maßnahmen zu ergreifen und letztendlich Pflanzenschutzmittel einzusetzen (vgl. BLE).

3.3 Bio-Weinbau, möglich für alle? Umsetzbarkeit aus Sicht der Weinbauern

Die wohl bekannteste Alternative zum konventionellen Weinbau ist der Bio-Weinbau. Diese Bewirtschaftungsart wurde in den letzten Jahren immer beliebter, denn die Anbaufläche für Biowein hat sich mehr als verdreifacht. Das Ziel hierbei ist, eine möglichst nachhaltige und umweltfreundliche Weinproduktion, um das natürliche Ökosystem in den Weinbergen zu erhalten und somit vollkommen auf chemisch-synthetische Substanzen zu verzichten. Es wird Wert daraufgelegt, die Pflanzen vor Krankheiten und Schädlingen zu schützen, indem man versucht die Reben stark und gesund zu halten. So entsteht automatisch eine höhere Resistenz gegenüber allem Schädlichen. Am wichtigsten ist, wie bereits erwähnt eine gute Bodengesundheit, die mit Hilfe von Düngemittel wie zum Beispiel Kompost erreicht werden kann. Aber auch die Begrünung der Rebzeilen ist grundlegend, um die Artenvielfalt so aktiv wie möglich zu halten. Trotzdem kann es zum Befall von Krankheiten kommen, hauptsächlich Pilzkrankheiten entstehen durch viel Niederschlag. Häufig ist es wie oben genannt der Mehltau, welcher durch den Einsatz von Schwefel und Kupfer behandelt werden kann (vgl. Deutsches Weininstitut). Schwefel wird oft als problematisch angesehen, jedoch ist eine Produktion ohne Schwefel sehr aufwendig, weshalb in den meisten Bio-Weinen ein begrenzter Schwefelwert vorhanden ist. Der Wirkstoff hat auch Vorteile, denn er verhindert, dass der Wein oxidiert und verlängert somit seine Haltbarkeit (vgl. Ökolandbau, 2020). Theoretisch ist der Anbau von Bio-Wein die beste Lösung für die bestehenden Probleme der Grundwasserverschmutzung, aber nur ungefähr 10 Prozent der gesamten Rebflächen in Deutschland betreiben derzeit biologischen Anbau. Das liegt teilweise daran, dass viele Weinbauern einen geringeren Gewinn erzielen würden. Die Umstellung auf Bio-Weinbau bringt viele Kosten mit sich, zum Beispiel für neue Maschinen, Schulungen und die zusätzliche Mühe und Zeit, die für die anspruchsvollere Arbeit benötigt wird. Zudem ist die Nachfrage nach Bio-Weinen aktuell noch zu gering, sodass die erhöhten Kosten nicht durch genügend Gewinne gedeckt werden können. Allerdings bietet der Staat, wie etwa das Bundesministerium für Ernährung und Landwirtschaft, hier für Forschungszwecke verschiedene finanzielle Unterstützungen an (vgl. WBI). 7 Unteranderem ist das Risiko hoch, dass die Reben Krankheiten bekommen, die ohne Herbizide oder Fungizide nicht behandelt werden können und die Winzer verlieren einen Großteil ihrer Ernte. Für viele bietet Kupfer die einzige Lösung, eines der wenigen Fungizide, die im biodynamischen Weinbau zugelassen sind. Doch Kupfer ist lediglich ein Kontaktfungizid, das sich durch Regen abwäscht, die gewünschte Wirkung verliert und folglich im Grundwasser landet. Auf Dauer verschlechtern sich die Bodenqualität und die Bodenorganismen (vgl. Maschek, 2023). Für viele Biobauern ist Kaliumphosphonat oft die einzig wirksame Lösung, um Pilzkrankheiten entgegenzuwirken. Das Phosphat wird von der Pflanze aufgenommen und in dieser verteilt, sodass die Weinrebe eigene Abwehrstoffe erzeugen kann (Patzwahl, 2022). Seit 2014 ist Kaliumphosphonat als Pflanzenschutzmittel eingestuft und deshalb für Bio-Weinbauern verboten. Mehrere Länder fordern den erneuten Einsatz (vgl. Staatsministerium BW). Da es bislang keine wirksamen Alternativen gibt und eine geeignete Umsetzung unklar ist, sind noch viele konventionelle Weinbauern vom Bio-Weinbau abgeneigt.

4. Fazit

Abschließend lässt sich festhalten, dass der Zusammenhang zwischen Grundwasserverschmutzung und Weinbau eine Herausforderung für jeden der Weinbauern darstellt. Es existieren zwar verschiedene Lösungsansätze, jedoch gestaltet sich die Umsetzung meistens eher schwierig. Trotzdem sind die Auswirkungen durch Pestizide und Düngemittel nicht besonders umwelt- und verbraucherfreundlich. Schäden entstehen vor allem auf Dauer, um das zu verhindern, muss man nachhaltig und zukunftsorientiert denken. Gleichzeitig entsteht durch spezielle Schulungen und neue Ausstattung eine große finanzielle Belastung für die Weinbauern. Zudem ist das Risiko für mögliche Ertragsverluste sehr hoch, insbesondere in den ersten Jahren nach der Umstellung, wenn noch alles neu ist. Deshalb ist es wichtig, dass die Regierung, die Weinbauern und die Forschung Hand in Hand arbeiten, um so die bestmöglichen Lösungsansätze zu finden. Von allen Seiten muss es Bereitschaft und Unterstützung für Veränderung geben, damit eine nachhaltige Bewirtschaftung des Grundwassers möglich ist.

4. Energie & die Zukunft

4.1 Wasserstoff – ein umweltfreundlicher Energieträger

Kapitelübersicht

1. Einführung

Um den Klimawandel zu bremsen und eine nachhaltige Zukunft zu gewährleisten ist die Energiewende ein zentrales Thema der heutigen Zeit. Um dieses Ziel zu erreichen werden die fossilen Energieträger durch erneuerbare Energien, wie Wasser- und Solarkraft, Windenergie, etc. ersetzt.

„Wasserstoff wird dabei als vielfältig einsetzbarer Energieträger eine Schlüsselrolle einnehmen. Klimafreundlich hergestellter Wasserstoff ermöglicht es, die CO2-Emissionen vor allem in Industrie und Verkehr dort deutlich zu verringern, wo Energieeffizienz und die direkte Nutzung von Strom aus erneuerbaren Energien nicht ausreichen" [BMWK, 2024].

Wasserstoffbrücken spielen eine wichtige Rolle bei der Energiegewinnung, insbesondere bei der Nutzung von Wasserstoff als saubere Energiequelle. Durch Elektrolyse von Wasser kann Wasserstoff erzeugt und in Brennstoffzellen zur Stromerzeugung. Wasserstoff als Energieträger hat das Potenzial, zur Reduzierung von Treibhausgasemissionen beizutragen. Bei der Verbrennung von Wasserstoff entsteht nur Wasser, was im Vergleich zu fossilen Energieträgern eine viel geringere Umweltbelastung bedeutet [BMWK, 2024].

Im folgenden sollen der Prozess der Energiegewinnung, die klimapolitischen Aspekte und die wirtschaftlichen Aspekte nähergebracht werden.

2. Wasserstoff H

Wasserstoff ist ein chemisches Element, welches das einfachste und leichteste Element des Periodensystems ist. Es hat die Formel H und ist farblos, geruchslos und geschmackslos. Es ist ein Hauptbestandteil von Wasser und kommt auch in vielen Verbindungen vor. Wasserstoff wird in verschiedenen Bereichen verwendet, wie z.B. bei der Herstellung von Ammoniak, als Raketenantrieb und in der Wasserstoffbrennzelle zur Energiegewinnung. Der durch verschiedene Herstellungen entstandene Wasserstoff wird nach einer Farbe benannt die ihren Ursprung und die dazugehörige CO_2-Emission bestimmt.

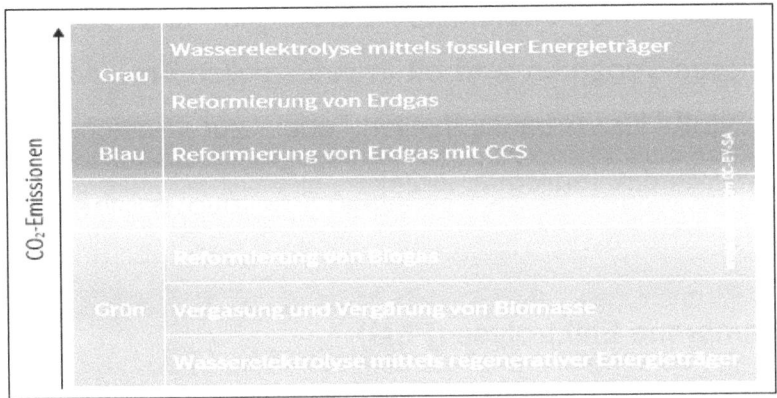

Quelle: Corneille, M., Emcel, 2020

3. Klimafreundlicher Wasserstoff und dessen Herstellung

Der grüne Wasserstoff ist der am umweltfreundlichsten hergestellte Wasserstoff. Denn bei der Herstellung von grünem Strom wird der Wasserstoff durch Ökostrom in seine Bestandteile gespalten. Das angewendete Verfahren wird als Power-to-Gas bezeichnet. Dabei wird mithilfe von Sonnen- und Windenergie Wasserstoff aus Wasser und Strom hergestellt. [DVWG e.V., 2023] Bei diesem Verfahren wird kein CO_2 ausgestoßen.

„Um Wasserstoff als Stromspeicher nutzen zu können, muss er in einer ersten chemischen Reaktion den überschüssigen Strom einspeichern. Das geschieht durch das Verfahren der Elektrolyse. Der Ökostrom etwa aus einer Solaranlage wird dazu genutzt, Wasser in seine Bestandteile Wasserstoff und Sauerstoff aufzuspalten" [Ag G, 2023].

Es gibt verschiedene Verfahren bei dieser Herstellung durch Elektrolyse. Die alkalische Elektrolyse, die Proton Exchange Membran Elektrolyse, die Anionenaustauschmembran Elektrolyse und die Hochtemperaturelektrolyse [BMWK, 2024].

3.1 Alkalische Elektrolyse (AEL)

Die alkalische Elektrolyse ist kommerziell am weitesten verwendete Elektrolyse Verfahren. Die ist ein Verfahren zur Wasserstoffherstellung, bei dem mithilfe eine Elektrolysegeräts in Wasserstoff und Sauerstoff aufgespalten wird. Bei der alkalischen Elektrolyse wir eine alkalische Lösung, normalerweise Natronlauge, als Elektrolyt verwendet. Dies ermöglicht eine effizientere Elektrolyse und eine höhere Wasserstoffproduktion. Dieses Verfahren wird oft in industriellen Anwendungen zur Herstellung von Wasserstoff für Brennstoffzellen oder zur Speicherung von Überschüssiger Energie verwendet. [enArgus, 2024]

3.2 Proton Exchange Membrane Elektrolyse (PEM)

Die Proton Exchange Membran Elektrolyse ist ähnlich wie die alkalische Elektrolyse. Hier wird allerdings eine spezielle Membran als Elektrolyt verwendet. Durch diese Membran können Protonen durchtreten und dabei wird der Durchtritt von Elektronen und Gasen verhindert. Zwischen zwei Elektroden, Anode und Kathode, wird Wasser platziert. Durch Hinzufügen von Strom spalten sich Wasserstoff- und Sauerstoff-Ionen. Die Protonen wandern durch die Membran zur Kathode, wo sie mit Elektronen reagieren und zu Wasserstoffgas reduziert werden. An der Anode entsteht durch andocken der Sauerstoffionen Sauerstoffgas.

Der Vorteil der Protonen Exchange Membran Elektrolyse ist die höhere Effizienz und die schnelle Reaktionsgeschwindigkeit [igas-energy, 2024].

3.3 Anion Exchange Membrane Elektrolyse (AEM)

Die Anion Exchange Membrane Elektrolyse ist ähnlich der Protonen Exchange Membran Analyse. Bei der AEM-Elektrolyse wird jedoch anstelle einer Protonenaustauschmembran eine Anionenaustauschmembran verwendet.

Hier wird auch Wasser zwischen den beiden Elektroden (Anode und Kathode) platziert. Hier wird durch zufügen von Strom Wasser und Hydroxidionen (OH-) in Wasserstoff- und Sauerstoffgas umgewandelt. Die Anionenaustauschmembran ermöglicht den Durchtritt der Hydroxidionen zur Anode. Dort reagieren sie mit Elektronen und werden zu Sauerstoffgas oxidiert. Die Wasserstoffionen (H+) gelangen zur Kathode und reagieren mit den Elektronen zu Wasserstoffgas.

Bei diesem Vorgang wird eine effizienter Elektrolyse und eine höhere Wasserstoffproduktion erreicht. Sie könnte in der Zukunft eine wichtige Rolle spielen, um saubere Energie zu fördern [enapter, 2024].

3.4 Hochtemperaturelektrolyse (HTE)

Die Hochtemperaturelektrolyse ist noch in der Erforschung, da sie noch nicht weit entwickelt ist. Bei der Hochtemperaturelektrolyse wird Wasserdampf anstelle von flüssigem Wasser verwendet, um Wasserstoff und Sauerstoff zu erzeugen. Der Prozess findet bei Temperaturen zwischen 100 und 1000°C statt und verwendet Festoxid-Elektrolyte, statt Elektrolyt wie bei der PEM- und AEM-Elektrolyse. Diese Festoxid-Elektrolysenzellen mit keramischen Zirkoniumdioxid ermöglichen die Aufspaltung des Wasserdampfs in seine Bestandteile, Wasserstoff und Sauerstoff. Festoxid-Elektrolyte sind hitzebeständig und verschleißfest, was sie für die hohen Betriebstemperaturen geeignet macht. Die Hochtemperaturelektrolyse hat den Vorteil, dass sie Abwärme nutzen kann und dadurch effizienter ist. Sie spaltet Wasserdampf in Wasserstoff und Sauerstoff bei hohen Temperaturen auf [enArgus, 2024].

4. Nationale Wasserstoffstrategie

4.1 Ziele der Strategie

Die nationale Wasserstoffstrategie ist ein Plan der deutschen Regierung, um die Nutzung von Wasserstoff als saubere Energiequelle zu fördern. Sie zielt darauf ab, den Ausstoß von Treibhausgasen zu reduzieren und die Energiewende voranzutreiben. Wasserstoff kann als umweltfreundlicher Brennstoff in verschiedenen Bereichen wie Verkehr, Industrie und Gebäuden eingesetzt werden. Es ist eine aufregende Entwicklung die hoffentlich zu einer nachhaltigeren Zukunft führt [BMWi, 2020].

Die Strategie verfolgt mehrere Ziele. Erstens soll sie dazu beitragen, die Klimaziele zu erreichen, indem sie den Einsatz von sauberem Wasserstoff fördert. Zweitens soll sie die neue Wertschöpfungsketten für die deutsche Wirtschaft schaffen. Ziel dabei ist die Voraussetzungen für einen Markthochlauf der Wasserstofftechnologien zu schaffen. Das bedeutet, dass inländischen Märkten die Erzeugung und Verwendung von Wasserstoff ermöglicht werden soll. Wie bereits erwähnt besonders in Bereichen wie Industrie und Verkehr, die sich schwer dekarbonisieren lassen [BMWi, 2020].

Und drittens soll sie die internationale Zusammenarbeit in der Energiepolitik weiterentwickeln. Deutschland ist dabei auf der Suche nach zuverlässigen Partnern, insbesondere in der EU, für die Gewinnung von Wasserstoff und es zu transportieren. Durch Kooperationen sollen Importstrukturen aufgebaut werden.

Die Möglichkeit, mit sonnen- und windreichen Entwicklungsländern zusammen zu arbeiten und „grünen Wasserstoff" zu importieren ist groß. Durch das Entstehen eines europäischen Marktes für CO_2-neutralen Wasserstoff, wird die Einsatz von Wasserstofftechnologien beschleunigt [BMWi, 2020].

4.2 Wasserstoff Infrastruktur

Für den Transport von Wasserstoff benötigt man hohen Druck oder sehr tiefe Temperaturen. Momentan erfolgt der Transport, zum Beispiel für Tankstellen als verdichtetes Gas transportiert in speziellen Druckbehältern auf LKWs. Die Menge von Wasserstoff ist hier begrenzt. Größere Mengen können durch die Verflüssigung von Wasserstoff erreicht werden. Die Deutsch Bahn setzt auf diesen Weg des Transports. Es ist zu beachten, dass diese Transportform bzw. Die Verflüssigung von Wasserstoff höhere Kosten mit sich trägt. Der Wasserstoff kann von den Schiffen am Hafen abgeholt und mithilfe von Güterzügen an schwieriger erreichbare Orte transportiert werden. Außerdem setzt die DB Cargo für den Transport von flüssigen oder gasförmigen Wasserstoff in dafür geeignete Containern. Der Schienenverkehr ist die umweltfreundlichere Art [chemietechnik, 2024].

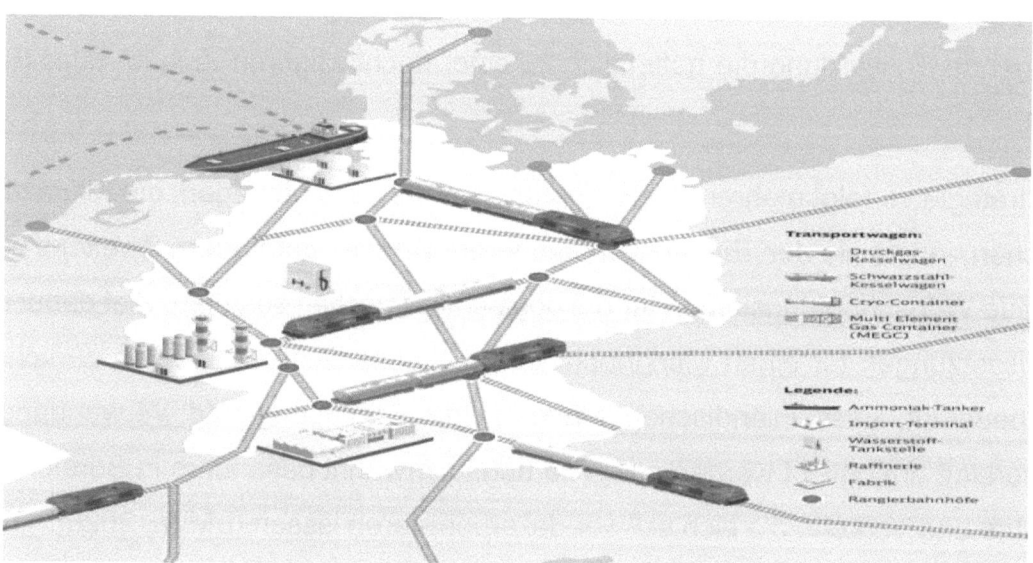

Quelle: Göbecker, J. Bild: DB

4.3 Ausbau einer leistungsfähigen Wasserstoffinfrastruktur

Für größere Distanzen ist aber der Transport in gasförmiger Form des Wasserstoffs über eine Pipeline am wirtschaftlichsten [chemietechnik, 2024].

Ziel ist es bis zum Jahr 2030 ein Wasserstoffnetz von über 1.800 km in Deutschland und 4500 km europaweit zu erschaffen. Das wird durch das EU-Förderprogramm IPCEI Wasserstoff unterstützt. Bis 2032 soll die Transportinfrastruktur erweitert werden, um Erzeugungs-, Import- und Speicherzentren mit Abnehmern zu verbinden. Bereit 2030 wird Deutschland über das European Hydrogen Backbone mit seinen EU-Nachbarländern verbunden sein. Leistungsfähige Pipelines werden für den Import von Wasserstoff aus Norwegen und anderen europäischen Ländern genutzt. Es werden auch Importterminals an deutschen Küsten für den Schiffstransport aufgebaut. Das Netz umfasst auch Wasserstoffspeicher und möglicherweise eine nationale Wasserstoffreserve, um unabhängige von Ausfällen zu sein. Die Betankungsinfrastruktur für den Straßenverkehr wird ebenfalls ausgebaut, um den Bedarf zu decken [BMWi, 2020].

5. Fazit

Es ist großartig zu sehen, dass Deutschland und Europa auf erneuerbare Energien setzen und eine nachhaltige Wasserstoffwirtschaft aufbauen wollen. Die geplante Entwicklung eine umfangreichen Wasserstoffnetzes und die Verbindung mit EU-Nachbarländern sind wichtige Schritte in die richtige Richtung. Die Nutzung von Wasserstoff als sauberer Energieträger kann dazu beitragen, den CO_2-Ausstoß zu reduzieren und die Energiewende voranzutreiben. Es ist ermutigend zu sehen, dass auch der Import von Wasserstoff aus anderen Ländern in Betracht gezogen wird, um den Bedarf zu decken. Es wird interessant sein, die Fortschritte und die Umsetzung dieser Strategie in den kommenden Jahren zu verfolgen. Es ist optimistisch zu Betrachten gemeinsam eine nachhaltigere Zukunft gestalten zu können.

4.2 Nutzung von Wasser als nachhaltiger, erneuerbarer Energielieferant – zukunftssicher?

Kapitelübersicht

1. Wasserkraftnutzung aktuell

    1.1   Überblick

    1.2   Prinzip

          1.2.1 Laufwasserkraftwerke

          1.2.2 Pumpspeicherkraftwerke

    1.3   Zukunftsblick

2. Einsatz von Flusswärmepumpen

    2.1   Funktion

    2.2   Beispielstandorte Mannheim / Heidelberg

    2.3   Klimaschutzpotenzial

1. Wasserkraftnutzung aktuell

1.1 Überblick

Der fortwährende Kreislauf in dem sich die Wasservorräte der Erde befinden, bestehend aus Verdunstung, Niederschlag und Speicherung bringt die Möglichkeit der Energiebereitstellung. Früher zum Betrieb von Mühlen- und Sägewerken genutzt, ist der Einsatzbereich der Wasserkraft heutzutage primär die Bereitstellung von Elektrizität (Jenssen et al., 2017, S.85). In der zweiten Auflage von Wasser und Energie legt Hopp dar, dass bei einem im Mittel geschätzten Wasserdargebot von 182 Mrd. m^3 in Deutschland 22,1% (40,2 Mrd. m^3) für die Wasserversorgung genutzt werden. Die elektrischen Strom erzeugenden Kraftwerke sind gemäß Hopp die größten Wassernutzer mit 23,95 Mrd. m^3 jährlich, dies umfasst fast 60% des Gesamtwassereinsatzes (Hopp, 2016, S.183). Der Beitrag der erneuerbaren Energien zur Energiebereitstellung in Baden- Württemberg betrug im Bereich der Stromerzeugung durch Wasserkraft im Jahr 2021 rund 4.673 Gigawattstunden (GWh). Bezogen auf einen Bruttostromverbrauch von 69,6 TWh belief sich der Anteil am Bruttostromverbrauch auf 6,7%, während der Anteil an der Bruttostromerzeugung (in Bezug auf eine Bruttostromerzeugung von 51,1 TWh) bei 9,1% lag (Kelm, Walker, 2022, S.5).

Bis zum Stand September 2023 weisen Lauf-, Speicher- und Pumpspeicherkraftwerke mit natürlichem Zufluss gemäß einer Zeitreihe des Umweltbundesamts seit 2005 im Durchschnitt circa 5.700 MW installierte elektrische Leistung auf (Umweltbundesamt, Tabelle 4, 2023). Das deutsche Institut für Entwicklungspolitik bezeichnet die Wasserkraft als weltweit wichtigste Quelle erneuerbarer Elektrizität, nennt aber Unterschiede im Potential zwischen den Kontinenten. So soll Afrika weniger als 10% seines technisch möglichen Potenzials nutzen; Asien soll mit Abstand das größte absolute Potenzial haben, von dem es etwa 30% nutzt. In Europa sind es 53%, in Südamerika 26%, in Nordamerika 39%. In einer Stellungnahme des deutschen Instituts für Entwicklungspolitik (Meijer, Scheumann, Däschle & Dombrowsky, 2014, S.2) wird darauf hingewiesen, dass andere erneuerbare Energien zwar seit 2005 schneller als Wasserkraft gewachsen seien, dass auf globaler Ebene Wasserkraft aber weiterhin über den größten Anteil an den erneuerbaren Energien darstellt. Diese Feststellung wird auch durch Quaschning unterstützt (2024, S.349), der betont, dass die weltweit wichtigste Energiequelle die Wasserkraft sei, wenn auch mit Unterschieden in den Ländern aufgrund geografischer Bedingungen. Allerdings liegt gemäß Quaschning der Anteil in Deutschland deutlich unter dem Weltdurchschnitt. Im Vergleich dazu soll Norwegen beinahe den gesamten Elektrizitätsbedarf durch Wasserkraft decken können.

Laut dem Schlussbericht einer Studie zur Potentialermittlung für den Ausbau der Wasserkraftnutzung in Deutschland, veröffentlicht durch das Bundesministerium für Umwelt, Naturschutz und Reaktorsicherheit wird bei der Verteilung der Wasserkraftanalagen in Deutschland eine Konzentration auf die Bundesländer Bayern und Baden-Württemberg aufgezeigt. Eine Anzahl von 219 Anlagen (54 %) befinden sich danach in Bayern, darauffolgend 67 Anlagen (16,5%) in Baden-Württemberg und 41 Anlagen in Nordrhein-Westfalen (10%) (Anderer, Ruprecht, Wolf-Schumann & Heimerl, 2010, S.21). Dass die Möglichkeiten der Wasserkraftnutzung besonders in den südlichen Bundesländern vorhanden sind, ist durch Blick auf Gebirge und Höhenzüge in Deutschland zu erklären (Jenssen et al., 2017, S. 86). Festzuhalten ist, dass das Potenzial von Wasserkraft bereits vorhanden ist und aktiv genutzt wird. Unterstützt wird dies von Anderer et al. (2010, S. 7) durch die Aussage, dass Deutschland am gesamten Stromverbrauch bis 2030 einen Deckungsanteil durch die erneuerbaren Energien von 45% als Ziel hat. Aktuell beträgt der Deckungsanteil 14 %, davon circa 3,5 % Wasserkraft. Im Vergleich zu anderen erneuerbaren Energien wird betont, dass der Vorteil der Wasserkraft an den geringen vorliegenden kurzzeitigen Schwankungen liegt, für eine sichere Grundlaststrom Bereitstellung. Positiv sind auch die geringen Treibhausgasemissionen und die lange technische Lebensdauer. Jedoch ist die Nutzung mit einem Eingriff in die Gewässerökologie verbunden, von Veränderung des Fließgewässercharakters, Schädigung der Fische bei Turbinendurchgang und weiteren negativen Faktoren (Jenssen et al., 2017, S. 87).

1.2 Prinzip
1.2.1 Laufwasserkraftwerke
Bei der Nutzung von Laufwasserkraftwerken wird die natürliche Strömung von Flüssen mit kleinerem Gefälle durch Staustufen verwendet (Jenssen et al, 2017, S.86). Bei dem Flusskraftwerk als eine der Hauptformen von Laufwasserkraftwerken, wird das Kraftwerk direkt in den Flusslauf integriert, dabei kann ein geringer zusätzlicher Speicherraum im Oberlauf geschaffen werden durch die Stau- und Kraftwerksanlage (Giesecke, Heimerl, Mosonyi, 2014, S. 111). Weitere Formen wären z.B. Wellen- oder Gezeitenkraftwerke, welche jedoch in dieser Arbeit nicht weiter thematisiert werden.

Laut Giesecke et al. sind Ströme und Flüsse mit einem Gefälle kleiner als 2 % besonders dafür geeignet, jedoch sind unterschiedliche Baukonzeptionen möglich je nach Wasserführung. Zudem kann das natürliche Wasserdargebot direkt, entsprechend dem Ausbaugrad, den ganzen Tag genutzt werden und Grundlastenergie bereitstellen. Als weiteres Nutzungsziel wird von Giesecke et al. genannt, das durch den Bau eine Verbesserung des Hochwasserschutzes erreicht werden kann. Beispielhaft wird durch Giesecke et al. die Bauweise des Hochrheinkraftwerks in Bad Säckingen, Baden-Württemberg betrachtet. Dieses ist in einer typischen Flachbauweise erbaut und besitzt vom Montageraum beginnend vier Maschinensätze und fünf Wehrfelder, aufeinanderfolgend. Zudem ist eine Fischaufstiegsanlage sowie eine Bootsrampe vorhanden. Die Maschinensätze sind vertikale Kaplan-Turbinen, welche mit einem Laufraddurchmesser von 7,40m, einer Nennfallhöhe von 6,75m und pro Turbine mit einem Nenndurchfluss von 325 m³/s, sowie einer Umdrehungszahl von 60min^{-1} eine Nennleistung von 18.400 kW erbringen. Ein luftgekühlter Generator, mit einem Durchmesser von 10,73m und einem Gewicht von ca. 170t, befindet sich oberhalb der Laufräder mit einer Nennleistung von 23 MVA. Die Spannung wird durch wassergekühlte Transformatoren in eine Oberspannung umgewandelt, hierbei fließen 50 kV über ein Erdkabel in die Schweiz und 110 kV über eine Freiluftschaltanlage nach Deutschland (Giesecke et al.,2014, S. 849). Nicht weit von Bad Säckingen entfernt befand sich zudem das älteste Flusskraftwerk Europas (seit 1898), in Rheinfelden, welches durch einen Neubau ersetzt wurde und die Gesamtleistung von 26 MW auf 116 MW, eine Verdreifachung der elektrischen Stromversorgung von 200 auf 600 kWh steigern konnte (Hopp, 2016, S.297). Es besteht also durchaus Potential, besonders am Hochrhein für eine gesteigerte Ausnutzung von Laufwasserkraftwerken.

1.2.2 Pumpspeicherkraftwerke

Bei Pumpspeicherkraftwerken besteht laut Giesecke et al. der grundsätzliche energiewirtschaftliche Nutzen in der Differenz durch hohen Erlös aus dem Turbinenbetrieb bzw. der Stromlieferung und dem Aufwand für den Pumpenbetrieb, den Turbinenzufluss, welcher relativ niedrig sei. Turbinenzufluss bedeutet ein Hochpumpen des Wassers aus dem Unterbecken in das Oberbecken (Giesecke et al., 2014, S. 710). Im Vergleich zu Laufwasserkraftwerken können Pumpspeicherkraftwerke unabhängiger ohne natürlichen Zufluss betrieben werden.

Die Zuflussdauerlinie bildet bei der Wahl des nutzbaren Ausbauzuflusses nicht die Grundlage (Giesecke et al., 2014, S. 62). Die Höhenunterschiede werden ausgenutzt in dem aus Becken und Gewässern, die tiefer liegen auf das höhere Speicherbecken gepumpt und gespeichert wird. Ein wesentliches Merkmal ist hierbei also, dass das Speicherbecken im Gegensatz zu Speicherwasserkraftwerken nicht natürlich gefüllt und auf die Turbinen geleitet wird sondern dass elektrische Überschussenergie zum Pumpen bzw Befördern von Wasser in höher gelegene Becken genutzt wird. Die Stromerzeugung erfolgt durch den abwärts laufenden Wasserstrom und den damit verbundenen Antrieb von Turbinen mit gekuppelten Generatoren (Hopp, 2016, S. 294).

Hopp nennt die „Sofortbereitschaft" als besonderen Nutzungsvorteil von Pumpspeicherkraftwerken, betont wird dies durch das Beispiel des Pumpspeicherwerkes in Goldisthal. Als eines der größten Pumpspeicherwerke in Europa ging dieses mit 1060 MW im Jahr 2004 in Betrieb, die vier Turbinen sollen innerhalb kurzer Zeit ihre volle Leistung erreichen. In einer Übersichtskizze des Werkes lassen sich folgende Anlagen im Aufbau erkennen: Oberbecken, Oberwasserstollen, Maschinenkaverne, Vorsperre, Unterbecken, Unterwasserstollen sowie Transformatorenkaverne. Mit einem Höhengefälle von ca. 300m zwischen Oberbecken (in 874 m Höhe) und Turbine fließt Wasser durch Oberwasserstollen (Druckwasserleitungen in Stollen gehauen). Sobald der „Kugelschieber", von Hopp als „überdimensionaler Hahn" beschrieben, geöffnet wird, kann der Wasserfluss das Laufrad mit einem Durchmesser von 4,65 m zum Drehen bringen und dieses damit den Generator antreiben (Hopp, 2016, S.295). Auch im „Wartebetrieb" stehen die Turbinen nicht still, sondern bewegen sich als „rotierende Reserven" um schnell auf eine plötzliche Belastung der Stromversorgung reagieren zu können. Laut Hopp beträgt der Gesamtwirkungsgrad 80% es ist also festzuhalten, dass der Nutzen der Pumpspeicherkraftwerke äußerst effektiv ist.

1.3 Zukunftsblick

Einhergehend mit Bevölkerungswachstum, steigendem Energieverbrauch und Klimawandel wäre ein Ausbau der Wasserkraft als erneuerbare Energie und die wie oben unter 1.1 erwähnte Potentialausnutzung durch aus sinnvoll. Jedoch ist weiterhin der Bezug von Strom aus mehreren Energiequellen notwendig, da die Flexibilität und Versorgungssicherheit unseres Energieversorgungssystem so gesichert werden kann und keine „einseitige Abhängigkeit" besteht (Hopp, 2016, S. 19). Unterstützt wird dies auch durch eine WWF-Studie zu Auswirkungen auf die Energieproduktion mit Wasserkraftwerken durch die Klimakrise. Kritische Punkte in Bezug auf Wasserkraft die genannt werden sind global gesehen insbesondere Wassermangel, Überflutungen und Risiken für die Biodiversität. So sollen circa 26% der existierenden Wasserkraftwerkdämme und 23% der geplanten Staudämme an Flussbecken liegen, mit einem mittleren bis sehr hohen Wassermangelrisiko. Bei Überflutungsrisiken wird eine deutlich höhere Zahl genannt, hier sollen 75% der existierenden und 83% der geplanten Dämme betroffen sein (Opperman, Camargo, Laporte-Bisquit, Zarfl & Morgan, 2022, S.1). Nach Oppermannn et al. wird erwartet, dass von einem starken Anstieg an Wassermangelrisiko global gesehen besonders China, die USA, Indien, die Türkei, Mexiko, Kasachstan, die Ukraine und Spanien betroffen sein werden (Oppermann et al., 2022, S.7). Gerade bei Pumpspeicherwerken könnte der Wassermangel, aber auch Überflutungen, zum Problem bei der Nutzung von Wasserkraft werden.

2. Einsatz von Flusswärmepumpen
2.1 Funktion

Eine weitere Idee zur Nutzung von Wasser als Energielieferant, stellt die Verwendung von Flusswasser als Wärmeenergiequelle dar. Die Funktionsweise wird folgend nach Schwinghammer (2018, S. 10) erläutert. Hinter Schutzvorrichtungen sollen Wärmetauschrohre angebracht werden. Dabei erfolgt eine Abgabe von Wärmeenergie durch vorbeifließendes Wasser an ein zirkulierendes Wärmeträgermedium, welches sich innerhalb des Wärmetauschers befindet. Im nachfolgenden Punkt (2.2) wird das Prinzip detailgenauer für den Beispielsstandort Mannheim erläutert. Berechnungen zur Potentialeinschätzung für die Nutzung von Flusswärme wurden bereits durch Gerhardt et al. in einem Teilbericht des Fraunhofer-Instituts für Energiewirtschaft und Energiesystemtechnik im Rahmen eines Projektes zu Transformationspfaden im Wärmesektor durchgeführt. Dabei lag der Fokus auf den vier größten deutschen Flüssen. So wurden zu Rhein, Weser, Elbe und Donau Durchschnittswerte über einen Zeitraum von 4 – 14 Jahre gebildet, da bei den Abflussmengen und Temperaturen zeitliche Schwankungen auftreten (Gerhardt et al., 2019, S.64). Außerdem wurde mit einem Mittelwert der Entzugsleistung gerechnet, da im Dezember bis März ein erhöhter Heizwärmebedarf besteht und die Temperatur nicht unter den Gefrierpunkt fallen darf. Nach Gerhardt et al. besteht so im Januar und Februar für Elbe und Weser eine Restriktion. Als technisches Entzugspotential ergab sich nach Gerhardt et al. bei 4949 h im Jahr 2050 als Vollaststundenzahl circa 100 GW, das Angebotspotential würde das Nachfragepotential weit übertreffen. Zudem wurde die Sensitivität der Nachfrage zu den Flüssen näher betrachtet. Hier ergab sich nach Gerhardt et al., dass das Potential auf längere Wärmenetz-Anbindeleitungen sehr sensitiv ist, da sich die Bevölkerung die an den wichtigsten Flüssen Deutschlands in Städten leben (13,6 %) in „enger Nähe" d.h. 2km Abstand zur Flussmitte befinden (Gerhardt et al., 2019, S. 65). Unter Verwendung einer Leistungszahl (COP) von 3,1 berechnete Gerhardt et al. nach dem Trend für 2050 ein Potenzial von 37,5 TWh (von 7% am Endenergieverbrauch, sowie für 2030 mit einem COP von 2,2 ein Potential von 50 TWh.

2.2 Beispielstandorte Mannheim/Heidelberg

Aufgrund mangels an Literatur zu Flusswärmepumpen, wurde auf die Website des Mannheimer Energieunternehmens MVV Energie AG (www.mvv.de) zurückgegriffen (Ackermann, 2023). Im Oktober 2023 wurde die aktuell größte innovative Flusswärmepumpe Europas in Mannheim in Betrieb genommen, entstanden durch ein Reallabor des Bundesministeriums für Wirtschaft und Klimaschutz „Großwärmepumpen in Fernwärmenetzen". Die Flusswärmepumpe ist eine von aktuell fünf in Deutschland an unterschiedlichen Standorten errichteten. Durch die klimaneutrale Nutzung des Rheinwassers als Wärmequelle, kann für circa 3500 Haushalte Fernwärme erzeugt werden. Die Flusswärmepumpe besitzt eine thermische Leistung von etwa 20 MW und 7 MW elektrische Leistung. Als technisches Potential wird angegeben, dass mindestens 50 MW durch Rhein und Neckar thermisch entzogen werden könnten, was ausreichen würde um 50.000 Haushalte mit Wärme zu versorgen. Mit einer Wassertemperatur von bis zu 25 Grad Celsius im Sommer und circa 5 Grad Celsius im Winter, soll das Rheinwasser in Mannheim laut Ackermann genug Wärmeenergie erzeugen. Das Kältemittel kann durch die Wärmeenergie in der Wärmepumpe verdampfen, das entnommene Rheinwasser wird dabei um etwa 2 bis 5 Grad Celsius abgekühlt. Durch einen strombetriebenen Verdichter wird der Kältemitteldampf komprimiert, Temperatur und Druck steigen damit. Die Übertragung der erzeugten Wärme des Kältemitteldampfs auf das Fernheizwasser, ist durch Kondensation im Wärmetauscher möglich. Laut Ackermann können so Temperaturen von 83 bis 99 Grad Celsius erreicht werden. Gleichzeitig findet die erneute Verflüssigung des Kältemittels statt, es kühlt ab und bei niedriger Temperatur beginnt der Kreislauf erneut, d.h. es wird erneut über das Flusswasser Wärmeenergie aufgenommen. Es wird angegeben, dass der COP der Flusswärmepumpe etwa 2,7 beträgt, allerdings sei dieser nicht konstant aufgrund der Temperaturschwankungen in Sommer und Winter. Sicher ist, das Mannheim als Vorreiter für viele Städte und Kommunen in Deutschland fungiert.

Auch für Heidelberg ist der Einsatz einer Flusswärmepumpe in Planung. Laut Website (Bermich, 2022) der Stadt Heidelberg werden aktuell mögliche Standorte am Neckar geprüft. Als Kriterien müssen Hochwasserschutz und wasserrechtliche Aspekte, Nähe zum Neckar, baulich-technische Anforderungen, Platzbedarf, Möglichkeit des Anschlusses an Fernwärme-Hauptleitungen sowie auch städtebauliche Punkte berücksichtigt werden. Sechs mögliche Standorte kommen in Betracht, sowohl an Land mit „Entnahme und Einleitungsbauwerken", als auch im Neckar (bauliche Anlagen oder schwimmende Konstruktionen). Auch werden Bürger miteinbezogen, im Mai 2022 wurde eine öffentliche Veranstaltung zum Thema organisiert. In der Präsentation des Amts für Umweltschutz, Gewerbeaufsicht und Energie der Stadt Heidelberg (Bermich, 2022, S.43) werden weitere Punkte zur Nutzung einer Flusswärmepumpe als Baustein kommunaler Wärmeplanung genannt. Gemäß Bermich könnte durch Einsatz einer Großwärmepumpe ein Anteil von 2-10 % der Fernwärmeversorgung gedeckt werden. Die Abkühlung des Neckwassers würde bei Entnahme von 1-3 m³/s maximal 3 Grad Celsius betragen, eine Machbarkeitsstudie sowie die Einleitung eines Bürgerbeteiligungsprozesses sind erforderlich.

2.3 Klimaschutzpotential

Der Verein Deutscher Ingenieure e.V. (VDI) nennt bezüglich des Klimaschutzpotentials von Flusswärmepumpen eindeutige Vorteile. Hierbei wird auf ein Interview von Janczura (2023, www.vdi.de) mit Blesl, Universität Stuttgart verwiesen. So soll Wasser im Vergleich zu Umgebungsluft (bei Wärmepumpen im häuslichen Bereich) eine etwa viermal höhere Wärmekapazität besitzen und eine Flusswärmepumpe eine viermal höhere Leistung erbringen (bei gleichem Massenstrom und Abkühlung). Auch die Dimensionierung von Wärmetauschern im Vergleich zu Luftwärmepumpen sei aufgrund der kleineren Größe deutlich günstiger und Schallemissionen sind ohne Ventilatoren deutlich reduzierter. Eine gleichmäßige Wärmeleistung kann erzielt werden, trotz der unter 2.2 genannten Temperaturschwankungen in Sommer und Winter, sind Wassertemperaturen höher und konstanter im Vergleich zu Umgebungstemperaturen. Doch besonders hervorzuheben ist die Lösung der Flusswärmepumpe im Hinblick auf Hitzewellen. Durch den Klimawandel hervorgerufene Hitzeperioden gefährden die deutschen Gewässer und damit verbunden die Fischbestände durch zu hohe Wassertemperaturen und ausbleibendem Sauerstoff. Laut Blesl können positive Effekte durch die Abkühlung des Flusswassers in Verbindung mit dem Einsatz von großen Flusswärmepumpen entstehen.

Jedoch müssen ökonomische Aspekte durchaus beachtet werden. Das unter 2.2 bereits genannte Projekt Reallabor, welches vom Bundeswirtschaftsministerium gefördert wird hat laut Janczura ein Gesamtprojektvolumen von 45 Millionen Euro.

Der Einsatz von Flusswärmepumpen könnte laut Blesl durchaus „Schlüsseltechnologie" zur Zukunft grüner Wärme sein. Besonders für einige Ballungszentren in Deutschland sei die Nutzung von Flusswärme gemäß Blesl „alternativlos" für die Fernwärmeversorgung.

5. Quellenverzeichnis

2.1 Blackout – Wo kein Strom, da kein Wasser

18. Ausschuss für Bildung, Forschung und Technikfolgenabschätzung, Technikfolgenabschätzung (TA). TA–Projekt: Gefährdung und Verletzbarkeit moderner Gesellschaften – am Beispiel eines großräumigen und langandauernden Ausfalls der Stromversorgung (2011). Drucksache 17/5672.

Bundesamt für Bevölkerungsschutz und Katastrophenhilfe. Stromausfall, Vorsorge und Selbsthilfe (2019). Dritte Ausgabe. Paderborn: BONIFATIUS.

Bundesamt für Bevölkerungsschutz und Katastrophenhilfe (2022). Vorsorgemaßnahmen zur Sicherstellung der Trinkwassernotversorgung Merkblatt für die Planung wasserwirtschaftlicher Vorsorgemaßnahmen zur Trinkwassernotversorgung nach dem Gesetz über die Sicherstellung von Leistungen auf dem Gebiet der Wasserwirtschaft für Zwecke der Verteidigung (Wassersicherstellungsgesetz WasSG).

Bundesamt für Bevölkerungsschutz und Katastrophenhilfe (2022). Rahmenkonzept der Trinkwassernotversorgung, Neukonzeption zur Anpassung an veränderte Rahmenbedingungen in Anlehnung an die Konzeption Zivile Verteidigung (2016).

Bundesministerium für Umwelt, Naturschutz, nukleare Sicherheit und Verbraucherschutz (2023). Nationale Wasserstrategie Kabinettsbeschluss vom 15.03.2023.

Broß, L., Krause, S. (2019). Sicherheit der Trinkwasserversorgung Teil 2: Notfallvorsorgeplanung. Bundesamt für Bevölkerungsschutz und Katastrophenhilfe (Hrsg.).

Deutscher Verein des Gas- und Wasserfaches e.V. (2008). DVGW-Arbeitsblatt W 405

Gesetz über den Katastrophenschutz (Landeskatastrophenschutzgesetz – LKatSG) vom 22.November 1999 zuletzt geändert am 07.März 2012

Gesetz über die Feuerwehr (Feuerwehrgesetz – FwG) vom 19.11.2009 zuletzt geändert am 02.03.2010

Gesetz über das Wasser (Wassergesetz für Baden-Württemberg – WG) vom 03.12.2013 zuletzt geändert am 07.02.2023

Mayer, (Hrsg.) Bundesamt für Bevölkerungsschutz und Katastrophenhilfe (2017). Treibstoffversorgung bei Stromausfall Empfehlung für Zivil- und Katastrophenschutzbehörden, Band 18.

Rüsenberg, M., Zwirner, D. (2023). Löschwasserversorgung. Landesfeuerwehrschule Baden-Württemberg.

Regierungspräsidium Karlsruhe (2014). Musternotfallplan Stromausfall Handlungsempfehlungen zur Vorbereitung auf einen flächendeckenden und langanhaltenden Stromausfall.

Schultmann, F., Hiete, M., Merz, M., Trinks, C., Grambs, W., Thiede, T. (2010). Krisenmanagement Stromausfall Kurzfassung Krisenmanagement bei einer großflächigen Unterbrechung der Stromversorgung am Beispiel Baden-Württemberg. Innenministerium Baden-Württemberg, Bundesamt für Bevölkerungsschutz und Katastrophenhilfe (Hrsg.). Heidelberg: Jedermann-Verlag.

Schulz, D., Dietmannsberger, M., Lücken, A., Lang, L., von Alm, J. (2015). Autarke Notstromversorgung der Bevölkerung unterhalb der KRITIS-Schwelle, Band 19, (Hrsg.) Bundesamt für Bevölkerungsschutz und Katastrophenhilfe

Die Bundesregierung. Website: https://www.bundesregierung.de/breg-de/schwerpunkte/klimaschutz/stromausfall-blackout-2129818, Stand: 06.01.2021

Bundesamt für Bevölkerungsschutz und Katastrophenhilfe. Website: https://www.bbk.bund.de/DE/Themen/Kritische-Infrastrukturen/Sektoren-Branchen/Wasser/Wassersicherstellung/wassersicherstellung_node.html, Stand: 14.01.2024.

Bundesamt für Bevölkerungsschutz und Katastrophenhilfe. Website: https://www.bbk.bund.de/DE/Themen/Kritische-Infrastrukturen/Sektoren-Branchen/Wasser/wasser.html, Stand: 14.01.2024

Bundesnetzagentur. Website: https://www.bundesnetzagentur.de/DE/Fachthemen/ElektrizitaetundGas/Versorgungssicherheit/Strom/start.html, Stand: 14.01.2024

Bundeszentrale für politische Bildung. Website: https://www.bpb.de/kurz-knapp/hintergrund-aktuell/514744/energieversorgung-in-deutschland/, Stand: 14.01.2024

Bundeszentrale für politische Bildung. Website: https://www.bpb.de/shop/zeitschriften/apuz/blackout-2024/543954/sind-blackouts-in-deutschland-wahrscheinlich/, Stand: 14.01.2024

Bundeszentrale für politische Bildung. Website: https://www.bpb.de/themen/recht-justiz/dossier-menschenrechte/38745/zur-begruendung-eines-menschenrechts-auf-wasser/#footnote-reference-5, Stand: 06.01.2024

Statistisches Bundesamt. Website: https://www.destatis.de/DE/Themen/Gesellschaft-Umwelt/Umwelt/Wasserwirtschaft/_inhalt.html, Stand 14.01.2024

Wetteronline. Website: https://www.wetteronline.de/wetterlexikon/gewitter, Stand: 06.01.2024

2.2 Wer hat Vorrang bei der Wasserversorgung?

Birth, Torsten; Jentsch, Sebastian; Hayen, Sophia; Scheffler, Marcel (2021): Wasser als kritische Resource für die Wasserstofferzeugung.

BMU/UBA (Hg.) (2017): Wasserwirtschaft in Deutchland. Grundlagen, Belastungen, Maßnahmen

BMUV (2023): Nationale Wasserstrategie

BMUV/UBA (2022): Die Wasserrahmenrichtlinie - Gewässer in Deutschland. Fortschritte und Herausforderungen.

Bormann, Hinnerk; Gramlich, M. Sc Eric; Müller, Felix; Schröder, Markus; Vodegel, Stefan (2019b): Keine Energie ohne Wasser. In: DBU Abschlussbericht

Bpb (2017): Wasserverbrauch. Online verfügbar unter https://www.bpb.de/kurz-knapp/zahlen-und-fakten/globalisierung/52730/wasserverbrauch/, zuletzt geprüft 01/2024

DLR (2022): GRACE - Gravity Recovery and Climate Experiment. Online verfügbar unter https://www.dir.de/rd/desktopdefault.aspx tabid-2440/3586_read-5326/, zuletzt geprüft 2023.

Glade, H; Peters, T. (2006): Meerwasserwntsalzung- Stand der Technik und Perspektiven. In: Chemie Ingenieur Technik.

IPCC (2008): Klimaänderung 2007. Synthesebericht. Berlin

Meyer, E. I. (2000): Auswirkungen von Kühlwassereinleitung in Fließgewässer. In: Handbuch der Umweltveränderungen und Ökotoxikologie: Band 3A: Aquatische Systeme: Grundlagen —Physikalische Belastungsfaktoren_ Anorganische Stoffeinträge.

Mühr, Bernhard; Kubisch, Susanne; Marx, Andreas; Stötzer, Johanna; Wisotzky, Christina; Latt, Christian et al. (2018): Dürre & hitzewelle sommer 2018 (Deutschland).In: Cedim Forensic Disaster Analysis Group < www. vorhersagezentrale.de/Ereignis/20180818_e. pdf.

Piel, Claude (2022): Kampf ums Wasser. Die Herausforderung des 21. Jahrhunderts. Wiesbaden: Diplomatic Council Publishing.

UBA (2022): Nutzung der Wasserourcen. Online verfügbar unter https://www.umweltbundesamt.de/daten/umweltindikatoren7indikator-nutzung-der-wasserressourcen, zuletzt geprüft 2023

UBA (2023): Trends der Niederschlagshöhe. Online verfügbar unter https://www.umweltbundesamt.de/daten/klima/trends-der-niederschlagshoehe, zuletzt geprüft am 2023.

United Nations (2010): Resolution adopted by the General Assembly on 28 July 2010. 64/292. The human right to water and sanitation. Online verfügbar unter https://digitallibrary.un.org/record/687002, zuletzt geprüft 2023.
VSV

Wackerbauer, Johann (2011): Die deutsche Wasserwirtschaft im europäischen Vergleich.

2.3 Hochwasserschutzstrategien

Tauer, Wolfgang; Deindl, Karl; Koch, Wolfgang; Stopsack, Hermann (2007): *Vorbeugender Hochwasserschutz in den drei großen Flusssystemen Rhein, Donau; Elbe.* In: Technische Universität Dresden-Fakultät Bauingenieurswesen-Institut für

Wasserbau und Technische Hydromechanik. Wasserbaukolloquium 2007: „Fünf Jahre nach der Flut". Hochwasserschutzkonzepte- Planung, Berechnung, Realisierung 115-124.

Dehnhardt, Alexandra; Hirschfeld, Jesko; Drünkler, Daniel; Peschow, Ulrich; Engel, Heinz; Hammer, Matthias (2008): *Kosten-Nutzen-Analyse von Hochwasserschutzmaßnahmen.* In: Umweltforschungsplan des Bundesministeriums für Umwelt, Naturschutz und Reaktorsicherheit. Forschungsbericht 20421212, UBA-FB 001169, Texte 31/08.

Lüke, Juliane (2010): *Planungsrechtliche Aspekte des Hochwasserschutzes in Baden-Württemberg.* In: Center for Disaster Management and Risk Reduction Technology. Projektbericht 3/2010.

Schädler, Bruno (2008): *Hochwasserschutz-Strategie im Gebirgsland Schweiz.* In: Beiträge zum Symposium Klimaänderung-Was kann die Wasserwirtschaft tun? Forum für Hydrologie und Wasserbewirtschaftung, Heft 24.08, 87-101.

Fricke, Uwe (2022): *Hochwasserschutz. Prävention und Einsatz bei zeitkritischen Ereignissen.* Stuttgart, Kohlhammer,1. Auflage 2022.

Menzel, Lucas (2011): *Globaler Wandel, extreme hydrologische Ereignisse und Strategien zum Umgang mit Hochwasser und Dürre.* (Hrsg.) Lozan, J.L.H. Graße, P. Hupfner, L. Kaube, C.-D- Schönwiese. Warnsignal Klima: Genug Wasser für alle? 3. Auflage 2011, 415-424.

2.4 Löschwasser

https://www.lfs-bw.de/fileadmin/LFS-BW/themen/lernunterlagen/f4/dokumente/F4_Loeschwasserversorgung.pdf

3.1 Sicherstellung der Wasserversorgung in der Landwirtschaft

BMWK Bundesministerium für Wirtschaft und Klimaschutz (o. D. a): Tropfen für Tropfen: Wassersparen in der Landwirtschaft, URL: https://www.bmwk.de/Redaktion/DE/Artikel/Hightechlight/sensor-ueberwachung-des- wasserbedarfs-von-pflanzen.html (Abrufdatum: 18.12.2023)

BMWK Bundesministerium für Wirtschaft und Klimaschutz (o. D. b): Tropfen für Tropfen: Wassersparen in der Landwirtschaft, Hoher Verbrauch, hohes Einsparpotenzial, URL: https://www.bmwk.de/Redaktion/DE/Artikel/Hightechlight/sensor-ueberwachung-des- wasserbedarfs-von-pflanzen.html (Abrufdatum: 23.12.2023)

BpB Bundeszentrale für politische Bildung (o. D.): Landwirtschaft, URL: https://www.bpb.de/kurz-knapp/lexika/lexikon-der-wirtschaft/20010/landwirtschaft/ (Abrufdatum: 23.12.2023)

DBV Deutscher Bauernverband (2020): Wasser, Landwirtschaft und Klimawandel, URL: https://www.bauernverband.de/fileadmin/user_upload/dbv/faktenchecks/Wassernutzung_i n_der_Landwirtschaft/Faktencheck_Wasser.pdf (Abrufdatum: 27.12.2023)

Hügenell, Ingrid (2023): Die Ernte leidet erneut unter Auswirkungen des Klimawandels, URL: https://www.sueddeutsche.de/muenchen/fuerstenfeldbruck/ernte-2023-einbussen- klimakrise-landwirtschaft-klimawandel-blitzduerre-wassermangel-bauernverband- 1.6048855 (Abrufdatum: 28.12.2023)

Jordanova-Duda, Matilda (2011): ZIM Plant Technology: Durstige Pflanzen schicken eine SMS, URL: https://www.ingenieur.de/technik/fachbereiche/biotechnik/zim-plant- technology-durstige-pflanzen-schicken-sms/#:~:text=Das%20Sondensystem%20von%20ZIM%20besch%C3%A4digt,in%20pflanzliche n%20Zellen%20ein%20%C3%9Cberdruck (Abrufdatum: 28.12.2023)

LfL Landesanstalt für Landwirtschaft (o. D.): Bedeutung des Humus für die Bodenfruchtbarkeit, URL: https://www.lfl.bayern.de/iab/boden/031125/ (Abrufdatum: 28.12.2023)Pflanzenforschung (o. D.): Fruchtfolge, URL: https://www.pflanzenforschung.de/de/pflanzenwissen/lexikon-a-z/fruchtfolge-1521#:~:text=Die%20Fruchtfolge%20bezeichnet%20die%20zeitliche,Voraus setzung%20zum %20Erhalt%20der%20Bodenfruchtbarkeit. (Abrufdatum: 21.12.2023)

Weltagrarbericht (o.D.): Wasser: Konkurrenz um eine künstlich verknappte Ressource, URL: https://www.weltagrarbericht.de/themen-des-weltagrarberichts/wasser.html (Abrufdatum: 05.01.2024)

WDR (2023a): Wasserverbrauch in der Landwirtschaft, Besser bewässern! URL: https://kinder.wdr.de/tv/neuneinhalb/neuneinhalb-lexikon/lexikon/w/lexikon-   wasserverbrauch-in-der-landwirtschaft-100.html (Abrufdatum: 28.12.2023)

WDR (2023b): Wasserverbrauch in der Landwirtschaft, In unsere Nahrung fließt viel Wasser, URL: https://kinder.wdr.de/tv/neuneinhalb/neuneinhalb-lexikon/lexikon/w/lexikon-   wasserverbrauch-in-der-landwirtschaft-100.html (Abrufdatum: 28.12.2023)

WDR (2023c): Wasserverbrauch in der Landwirtschaft, Was Fleisch und Baumwolle mit Wasserknappheit zu tun hat, URL: https://kinder.wdr.de/tv/neuneinhalb/neuneinhalb-   lexikon/lexikon/w/lexikon-wasserverbrauch-in-der-landwirtschaft-100.html (Abrufdatum:28.12.2023)

WWF (2020a): Wasserbedarf in der Landwirtschaft, URL: https://www.wwf.de/themen-   projekte/landwirtschaft/klima-boden-und-wasser-in-der-landwirtschaft/wasserbedarf-in-   der-landwirtschaft (Abrufdatum: 28.12.2023)

WWF (2020b): Wasserbedarf in der Landwirtschaft: Verfügbarkeit von Wasser, URL: https://www.wwf.de/themen-projekte/landwirtschaft/klima-boden-und-wasser-in-der-   landwirtschaft/wasserbedarf-in-der-landwirtschaft (Abrufdatum: 28.12.2023)

3.2 Das Fischsterben in der Oder

Arbinger, Tobias (2022). Aktionsbündnis. Online verfügbar unter https://www.wwf.de/2022/august/oder-wiederherstellen-und-renaturieren.

Deutschlandfunk (2023). 2. Fischsterben. Online verfügbar unter https://www.deutschlandfunk.de/fischsterben-oder-umwelt-2023-100.html.

Dittmar-Ilgen, Hannelore. Salzwasser leitet Strom. Online verfügbar unter https://www.helpster.de/warum-leitet-salzwasser-elektrischen-strom-eine-einfache-erklaerung_109349.

Dudek, Thomas (2023). Ausbau fortgesetzt. Online verfügbar unter https://www.zdf.de/nachrichten/politik/streit-ausbau-oder-fluss-100.html.

Erftverband (2021). Sümpfungswasser. Online verfügbar unter https://www.erftverband.de/suempfungswasser/.

Fiedler, Mirja (2022). Folgen. Online verfügbar unter https://www.tagesschau.de/inland/fischsterben-maerkisch-oderland-101.html.

Jan Zimmermann (2023). Zusammenarbeit. Online verfügbar unter https://www.tagesschau.de/inland/gesellschaft/oder-fischsterben-katastrophe-100.html.

Lüdemann, Dagny (2023). Gift der P.p. Online verfügbar unter https://www.zeit.de/wissen/umwelt/2023-06/fischsterben-goldalge-gift-oder-polen.

May, Helge (2021). Ausbaupläne. Online verfügbar unter https://www.nabu.de/natur-und-landschaft/fluesse/oder/32113.html.

MDR (2022). Saale. Online verfügbar unter https://www.mdr.de/nachrichten/sachsen-anhalt/magdeburg/salzland/fischsterben-bernburg-saale-anzeige-102.html.

Meier, Sascha (2022). zu spätes Handeln. Interview durch Judith Rakers am 2022. Online verfügbar unter https://www.tagesschau.de/ausland/europa/fischsterben-oder-119.html.

n.V. (2022). Fluss Oder. Online verfügbar unter https://www.flussinfo.net/oder-odra/uebersicht/.

NABU (2022a). Aktionsbündnis. Online verfügbar unter https://www.nabu.de/news/2022/08/32104.html.

NABU (2022b). Faktoren. Online verfügbar unter https://www.nabu.de/natur-und-landschaft/fluesse/oder/fischsterben.html.

NABU (2023). Baustopp. Online verfügbar unter https://www.nabu.de/news/2023/03/33048.html.

Rada, Uwe (2012). Oder. Online verfügbar unter https://www.bpb.de/themen/europaeische-geschichte/geschichte-im-fluss/135930/die-oder/.

rbb24 (2022). Messwerte Salzgehalt. Online verfügbar unter https://www.rbb24.de/studiofrankfurt/panorama/2022/12/brandenburg-oder-salzgehalt-fische-leibniz-institut-wasser-mikrosiemens.html.

RND (2022a). Saale, Angler. Online verfügbar unter https://www.rnd.de/panorama/fischsterben-in-der-oder-ursache-gebiet-folgen-was-wir-bisher-ueber-die-umweltkatastrophe-wissen-WGRTFOVWMFFDHL4XYWYJV2AXOM.html.

RND (2022b). Was ist passiert. Online verfügbar unter https://www.rnd.de/panorama/fischsterben-in-der-oder-ursache-gebiet-folgen-was-wir-bisher-ueber-die-umweltkatastrophe-wissen-WGRTFOVWMFFDHL4XYWYJV2AXOM.html.

Tagesschau (2022). Chemie-Abfälle. Online verfügbar unter https://www.tagesschau.de/inland/gesellschaft/fischsterben-faq-101.html.

Tittmann, Angelina (2023a). Massenentwicklung P.p. Online verfügbar unter https://www.igb-berlin.de/news/massenentwicklung-von-prymnesium-parvum-nur-salzbelasteten-binnengewaessern-und-im-brackwasser.

Tittmann, Angelina (2023b). Regeneration. Online verfügbar unter https://www.igb-berlin.de/news/zur-regeneration-der-oder-muessen-salzeinleitungen-verringert-und-der-fluss-ausbau-gestoppt.

Trudslev, Alexandra (2005). Oderflut. Online verfügbar unter https://www.planet-wissen.de/natur/fluesse_und_seen/die_oder/pwiedieoderflutvonchronikeinerkatastrophe100.html.

Twardochleb, Bogdan (2012). Oder. Online verfügbar unter https://www.bpb.de/themen/europaeische-geschichte/geschichte-im-fluss/135932/ein-fluss-auf-der-suche-nach-sich-selbst/.

Umweltbundesamt (2023). Wirkung Gift. Online verfügbar unter https://www.umweltbundesamt.de/sites/default/files/medien/11850/publikationen/factsheet_oder_barrierefrei_0.pdf.

WDR (2022). Goldalge P.p. Online verfügbar unter https://www1.wdr.de/nachrichten/fischsterben-in-der-oder-goldalgen-prymnesium-parvum100.html.

Wolter, Christian/Würtz, Sven/Dr. Köhler, Jan, Dr. Pusch, Martin (2023). Goldalge, Prognose. Online verfügbar unter https://www.igb-berlin.de/sites/default/files/media-files/download-files/IGB_FACT_SHEET_Oder-Zwischenergebnisse_1.pdf.

WWF (2023). Auen. Online verfügbar unter https://www.wwf.de/themen-projekte/fluesse-seen/lebensraeume/auen.

ZDF (2022). Wassernutzung. Online verfügbar unter https://www.zdf.de/nachrichten/panorama/brandenburg-oder-wasser-entwarnung-100.html.

ZDF (2023). Polens Abwasserbeseitigung. Online verfügbar unter https://www.zdf.de/nachrichten/panorama/fischsterben-kanaele-polen-krisenstab-100.html.

Zimmermann, Jan (2023). Salzwasser nicht mehr in die Oder. Online verfügbar unter https://www.tagesschau.de/inland/gesellschaft/oder-fischsterben-katastrophe-100.html.

(alle zuletzt abgerufen am: 11.01.2024)

3.3 Grundwasserverschmutzung in Verbindung mit Weinbau

Adama: Verschieden Arten von Herbiziden. URL: https://www.adama.com/deutschland/de/produkte/pflanzenschutz/h erbizid (zuletzt abgerufen am 12.01.2024)

badenovaNETZE: Wasserschutz in der Landwirtschaft. URL: https://wasser.badenovanetze.de/wasser-allgemein/wasserschutz/wasserschutz-in-der-landwirtschaft/ (zuletzt abgerufen am: 30.12.2023)

BMUV (2023): Warum ist Gentechnik in der Landwirtschaft nicht hilfreich? URL: https://www.bmuv.de/faq/warum-ist-gentechnik-inder-landwirtschaft-nicht-hilfreich (zuletzt abgerufen am 02.01.2024)

BUND für Umwelt und Naturschutz Deutschland e.V.: Pestizide gefährden die biologische Vielfalt. URL: https://www.bund.net/umweltgifte/gefahren-fuer-die-natur/ (zuletzt abgerufen am 06.01.2024)

BUND für Umwelt und Naturschutz Deutschland e.V.: Pestizide in der Landwirtschaft: Flächendeckendes Gift. URL: https://www.bund.net/umweltgifte/pestizide/landwirtschaft/ (zuletzt abgerufen am: 16.12.2023)

Bundesanstalt für Landwirtschaft und Ernährung (BLE), Abbildung 1: Maßnahmenpyramide für den integrierten Pflanzenschutz. URL: https://www.nap-pflanzenschutz.de/integrierterpflanzenschutz/pflanzenschutzmassnahmen (zuletzt abgerufen am: 08.01.2024)

Bundesinformationszentrum Landwirtschaft: Zwischenfrüchte: Vorteile für Betrieb und Umwelt. URL: https://www.praxisagrar.de/pflanze/ackerbau/zwischenfruechte (zuletzt abgerufen am: 08.01.2024)

Bundesinstitut für Risikobewertung: Gesundheitliche Trinkwasser-Leitwerte. URL: https://www.bfr.bund.de/de/gesundheitliche_trinkwasser_leitwerte-53033.html (zuletzt abgerufen am 04.01.2024)

Delinat GmbH: Warme Tage, kühle Nächte, hohe Luftfeuchte – ideale Bedingungen für den echten Mehltau. URL: https://www.delinat.com/echter-mehltau.html (zuletzt abgerufen am: 03.01.2024)

Deutsches Weininstitut: Ökologischer Anbau. URL: https://www.deutscheweine.de/weinbau/175/%C3%96kologischer-anbau/ (zuletzt abgerufen am: 07.01.2024)

Europäische Behörde für Lebensmittelsicherheit (2023): Pestizide. URL: https://www.efsa.europa.eu/de/topics/topic/pesticides (zuletzt abgerufen am: 28.12.2023)

Europäisches Parlament (2023): Pestizide: Aussprache zur vorgeschlagenen Verlängerung der Glyphosat-Zulassung. URL: https://www.europarl.europa.eu/news/de/agenda/briefing/2023-10-02/6/pestizide-aussprache-zur-vorgeschlagenen-verlangerung-der-glyphosat-zulassung (zuletzt abgerufen am 02.01.2024)

Greenpeace (2023): Glyphosat verbieten. URL: https://www.greenpeace.de/biodiversitaet/landwirtschaft/anbau/glyp hosat-verbieten (zuletzt abgerufen am 04.01.2024)

Hilliges, Falk, et al. (2022): Heinrich Böll Stiftung; Pestizide im Wasser: Da schwimmt was mit. URL: https://www.boell.de/de/2022/01/12/pestizide-im-wasser-daschwimmt-was-mit (zuletzt abgerufen am 04.01.2024)

Hochschule Geisenheim: Düngung im Weinbau. URL: https://www.hs-geisenheim.de/weinbau-wasserschutzberatung/beratung/duengung/ (zuletzt abgerufen am: 02.01.2024)

Kast (2005): systematisch – kurativ – vorbeugend. URL: https://lvwo.landwirtschaft-bw.de/,Lde/Startseite/Fachinformationen/Systemisch-kurativ-vorbeugend?LISTPAGE=669250 (zuletzt abgerufen am 08.01.2024)

Kausch, Thiemo: Pflanzenschutzmittel im Weinbau. In: Lobenbergs Magazin. URL: https://www.gute-weine.de/magazin/pflanzenschutzmittel-im-weinbau/ (zuletzt abgerufen am: 03.01.2024)

Maschek, Lukas (2023): Kupfer im Weinbau – wirksames Fungizid oder problematischer Schadstoff? URL: https://www.sektion-landwirtschaft.org/ea/kupfer-im-weinbau-wirksames-fungizid-oderproblematischer-schadstoff (zuletzt abgerufen am: 10.01.2024)

Ökolandbau (2020): Herstellung von Bio-Wein: Was ist anders? URL: https://www.oekolandbau.de/verarbeitung/herstellungspraxis/produk te/wein/ (zuletzt abgerufen am 09.01.2024)

Patzwahl, Wolfgang (2022): Weinbau: Wie schützen Winzer Weintrauben vor Pilz? URL: https://youtu.be/qzxptGP7LWc?si=Aqd7osTpEzQPytoi (zuletzt abgerufen am 11.01.2024)

Raiffeisen: Weinbergbegrünung. URL: https://www.rwz.de/fileadmin/files/weinbau/RWZ_Weinbau_Begruen ungsheftchen.pdf (zuletzt abgerufen am 07.01.2024)

Staatliches Weinbauinstitut Freiburg: VITIFIT – Gesunde Reben im Ökoweinbau durch Forschung, Innovation und Transfer. URL: https://wbi.landwirtschaft-bw.de/,Lde/Startseite/Ihr+WBI/BOeLN_+VITIFIT+_+Gesunde+Rebe n+im+Oekoweinbau+durch+Forschung_+Innovation+und+Transfer (zuletzt abgerufen am: 10.01.2024)

Staatsministerium Baden-Württemberg (2016): Einsatz von Kaliumphosphonaten im Bio-Weinbau gefordert. URL: https://www.baden-wuerttemberg.de/de/service/presse/pressemitteilung/pid/forderung-des-einsatzes-von-kaliumphosphonaten-im-bio-weinbau/ (zuletzt abgerufen am 11.01.2024)

Umweltbundesamt (2022): FAQs zu Nitrat im Grund- und Trinkwasser. URL: https://www.umweltbundesamt.de/themen/wasser/grundwasser/nut zung-belastungen/faqs-zu-nitrat-im-grund-trinkwasser#was-ist-der-unterschied-zwischen-trinkwasser-rohwasser-und-grundwasser (zuletzt abgerufen am 02.01.2024)

Umweltbundesamt (2023): Nutzung und Belastung. URL: https://www.umweltbundesamt.de/themen/wasser/gewaesser/grund wasser/nutzung-belastungen (zuletzt abgerufen am: 02.01.2024)

4.1 Wasserstoff – ein umweltfreundlicher Energieträger

AEM Wasserelektrolyse: Wie funktioniert das eigentlich? (2020, Oktober 20). Enapter; Enapter - Bringing AEM Electrolysers to the world. https://www.enapter.com/de/blog/aem-water-electrolysis-how-it-works

Ag, G. (2023, Februar 3). Im Fokus: Wasserstoff-Stromspeicher. Gasag.de; GASAG

AG. https://www.gasag.de/magazin/nachhaltig/wasserstoff-stromspeicher

BMWK-Bundesministerium für Wirtschaft und Klimaschutz. (o. J.). Wasserstoff: Schlüsselelement für die Energiewende. BMWI. Abgerufen 14. Januar 2024, von https://www.bmwk.de/Redaktion/DE/Dossier/wasserstoff.html

Bundesministerium für Wirtschaft und Klimaschutz (o. J.). Fortschreibung der Nationalen Wasserstoffstrategie. Bmbf.de. Abgerufen 14. Januar 2024, von https://www.bmbf.de/SharedDocs/Downloads/de/2023/230726-fortschreibung-nws.pdf?__blob=publicationFile&v=1

DVGW e.V.: Wasserstoff und Energiewende. (o. J.). Dvgw.de. Abgerufen 14. Januar 2024, von https://www.dvgw.de/themen/energiewende/wasserstoff-und-energiewende

EnArgus. (o. J.). Enargus.de. Abgerufen 14. Januar 2024, von https://www.enargus.de/pub/bscw.cgi/d49702/*/*/Hochtemperaturelektrolyse.html?op=Wiki.getwiki

Göbelbecker, J. (2021, Februar 19). Wie sieht das neue Wasserstoff-Netz für Deutschland aus? CHEMIE TECHNIK. https://www.chemietechnik.de/energie-utilities/wasserstoff/plaene-fuer-ein-nationales-wasserstoff-netz-in-deutschland-341.html

PEM Elektrolyse. (o. J.). Igas-energy.de. Abgerufen 14. Januar 2024, von https://igas-energy.de/technologie/pem-elektrolyse

4.2 Nutzung von Wasser als nachhaltiger, erneuerbarer Energielieferant – zukunftssicher?

Jenssen, T., Blennemann, T., Frey, M., Höflich, H., Kienzlen, V., Lünser, H., Mayer, J., Steidle, T. (2017) Die Energiewende erfolgreich umsetzen: Ein Leitfaden mit Handlungsempfehlungen und Praxishinweisen, Hochschule für öffentliche Verwaltung Kehl, Boorberg Verlag

Quaschning, V., (2024) Regenerative Energiesysteme: Technologie – Berechnung – Klimaschutz, 12. Auflage, München, Carl Hanser Verlag

Hopp, V., (2016). Wasser und Energie – Ihre zukünftigen Krisen? 2. Auflage, Berlin Heidelberg, Springer-Verlag

Kelm, T., Walker, M., (2022). Erneuerbare Energien in Baden-Württemberg 2021, Stuttgart: Ministerium für Umwelt, Klima und Energiewirtschaft Baden-Württemberg

Zeitreihen zur Entwicklung der erneuerbaren Energien in Deutschland unter Verwendung von Daten der Arbeitsgruppe Erneuerbare Energien-Statistik (AGEE-Stat), 2023, Dessau-Roßlau, Umweltbundesamt Fachgebiet V 1.8 – Arbeitsgruppe Erneuerbare Energien Statistik

Meijer, K., Scheumann, W., Däschle, D., Dombrowsky, I., (2014) Grün und sauber? Wasserkraft zwischen niedrigen Treibhausemissionen und hohen sozialen und ökologischen Kosten, Analysen und Stellungnahmen 9/2014, Bonn, Abteilung IV: Umweltpolitik und Ressourcenmanagement, Deutsches Institut für Entwicklungspolitik (DIE)

Anderer, P., Ruprecht, A., Wolf-Schumann, U., Heimerl, S., (2010) Potentialermittlung für den Ausbau der Wasserkraftnutzung in Deutschland als Grundlage für die Entwicklung einer geeigneten Ausbaustrategie; Schlussbericht, Stuttgart, Bundesministerium für Umwelt, Naturschutz und Reaktorsicherheit

Giesecke, J., Heimerl S., Mosonyi, E. (2014) Wasserkraftanlagen: Planung, Bau und Betrieb, 6. Auflage, Berlin Heidelberg, Springer-Verlag

Opperman, J.J., Camargo, R.R, Laporte-Bisquit, A., Zarfl, C., Morgan, A.J. (2022) Using the WWF Water Risk Filter to Screen Existing and Projected Hydropower Projects for Climate and Biodiversity Risks, Water 2022, 14,721. https://doi.org/10.3390/w14050721

Schwinghammer, F., (2012): Thermische Nutzung von Oberflächengewässern. Masterarbeit. Albert-Ludwigs-Universität, Freiburg i. Br. Institut für Hydrologie

Gerhardt, N., Ganal, I., Jentsch, M., Rodriguez, J., Stroh, K., Buchmann, E. K. (2019) Entwicklung der Gebäudewärme und Rückkopplung mit dem Energiesystem -95% THG Klimazielszenarien, Teilbericht, Leipzig, Frauenhofer-Institut für Energiewirtschaft und Energiesystemtechnik

Ackermann, S., (2023) R(h)ein mit der Wärme: MVV nimmt erste Flusswärmepumpe in Mannheim in Betrieb. In *Unternehmensgruppe, MVV Umwelt, Aktuelle Projekte, MVV Flusswärmepumpe.* Website des MVV: (https://www.mvv.de/ueber-uns/unternehmensgruppe/mvv-umwelt/aktuelle-projekte/mvv-flusswaermepumpe), Stand: 01.01.2024

Bermich, R., (2022) Flusswärmepumpen: Wichtiger Bestandteil der Wärmewende, Amt für Umweltschutz, Gewerbeaufsicht und Energie, Heidelberg (https://www.heidelberg.de/hd/HD/Leben/flusswaermepumpe.html), Stand 01.01.2024

Janczura, S., (2023) Grüne Wärme: Fernwärme über die Flusswärmepumpe, (https://www.vdi.de/news/detail/fernwärme-ueber-die-flusswaermepumpe-in-deutschen-ballungszentren-oft-alternativlos), Stand 02.01.2024

6. Abbildungs- und Tabellenverzeichnis

2.2 Wer hat Vorrang bei der Wasserversorgung?

• Abbildung 1: Wasserentnahmen in Deutschland nach Sektoren im Jahr 2019

Quelle: Umwelt Bundesamt

• Abbildung 2: Regelungen im Bereich der Wasserwirtschaft

Quelle: Umwelt Bundesamt

2.4 Löschwasserversorgung

Abb. 1	„Löschbereich" entnommen aus Anlage 1 Seite VII
Abb. 2	„Hydrantenschild" enthält Angaben der Leitung *(Quelle Feuerwehr Seesen; 07.01.2023)*
Abb. 3	„Blaues Hydrantenschild" entnommen aus Anlage 1 Seite XIII
Abb. 4	Schematische Darstellung der geschlossenen Schaltreihe entnommen aus Anlage 1 Seite XVII
Abb. 5	Schematische Darstellung der offenen Schaltreihe entnommen aus Anlage 1 Seite XVIII
Tabelle 1	Enthält Richtwerte für den Löschwasserbedarf (m³/h) entnommen aus Anlage 2 Seite XXXIII
Tabelle 2	Enthält die Flüssigkeitskategorien des Trinkwassers entnommen aus Anlage 1 Seite VIII
Tabelle 3	Reibungsverluste B-Schläuche entnommen aus Anlage 1 Seite XV

3.1 Sicherstellung der Wasserversorgung in der Landwirtschaft

DBV Deutscher Bauernverband (2020): Wasser, Landwirtschaft und Klimawandel, URL: https://www.bauernverband.de/fileadmin/user_upload/dbv/faktenchecks/Wassernutzung_i n_der_Landwirtschaft/Faktencheck_Wasser.pdf (Abrufdatum: 27.12.2023)

4.1 Wasserstoff – ein umweltfreundlicher Energieträger

Kempkens, V. W. (2023, Januar 20). *Strom aus Wasserstoff noch sauberer machen.* ingenieur.de - Jobbörse und Nachrichtenportal für Ingenieure. https://www.ingenieur.de/fachmedien/vdi-energie-umwelt/energie-vdi-energie-umwelt/energieversorgung/strom-aus-wasserstoff-noch-sauberer-machen/

Corneille, M. (2020, März 15). *Was bedeuten die Farben von Wasserstoff?* EMCEL. https://emcel.com/de/farben-von-wasserstoff/

Göbelbecker, J. (2021, Februar 19). Wie sieht das neue Wasserstoff-Netz für Deutschland aus? CHEMIE TECHNIK. https://www.chemietechnik.de/energie-utilities/wasserstoff/plaene-fuer-ein-nationales-wasserstoff-netz-in-deutschland-341.html

7. Abkürzungsverzeichnis

2.4 Löschwasserversorgung

Abb.   Abbildung

Abs.   Absatz

bzw.   Beziehungsweise

DVWG   Deutscher Verein des Gas- und

Wasserfaches e.V.

evtl.   eventuell

FwDV Feuerwehrdienstvorschrift

FwG   Feuerwehrgesetz des Landes

Baden-Württemberg

h   Stunde

l   Liter

LFS   Landesfeuerwehrschule

m   Meter

m³   Kubikmeter

min   Minuten

mm   Millimeter

Nr.   Nummer

vgl.   vergleiche

z.B.   zum Beispiel

Ziff.   Ziffer

8. Anlagenverzeichnis

2.4 Löschwasserversorgung

Anlage 1   „Löschwasserversorgung"
                                  Publikation der LFS Baden-
                                  Württemberg

Anlage 2   Arbeitsblatt W 405